人工智能生成物
著作权保护探究

邓辉源◎著

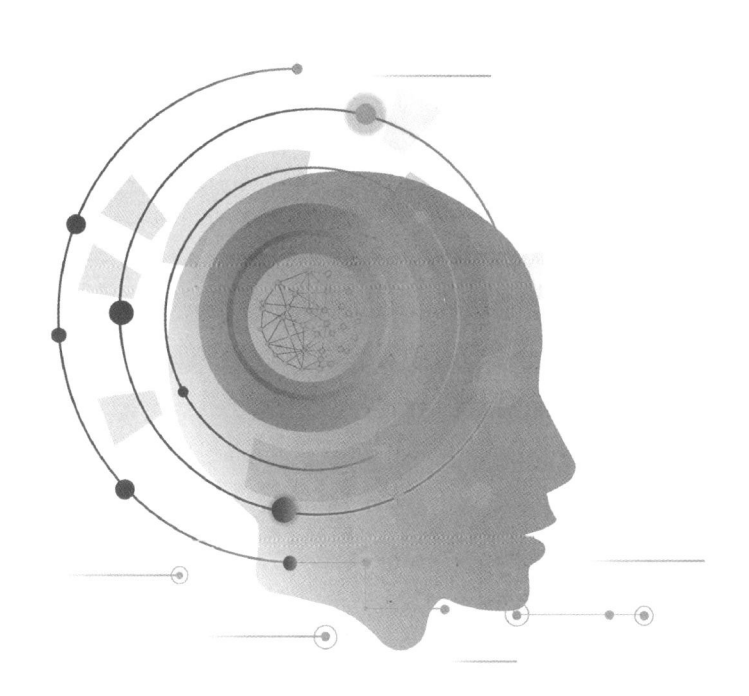

吉林大学出版社
·长春·

图书在版编目（CIP）数据

人工智能生成物著作权保护探究 / 邓辉源著.
长春：吉林大学出版社，2024.11. -- ISBN 978-7
-5768-4197-8

Ⅰ．D923.414
中国国家版本馆 CIP 数据核字第 2024KU8583 号

书　　名：人工智能生成物著作权保护探究
　　　　　RENGONG ZHINENG SHENGCHENGWU ZHUZUOQUAN BAOHU TANJIU
作　　者：邓辉源
策划编辑：卢　婵
责任编辑：卢　婵
责任校对：陈　曦
装帧设计：叶扬扬
出版发行：吉林大学出版社
社　　址：长春市人民大街 4059 号
邮政编码：130021
发行电话：0431-89580036/58
网　　址：http://www.jlup.com.cn
电子邮箱：jldxcbs@sina.com
印　　刷：武汉鑫佳捷印务有限公司
开　　本：787mm×1092mm　　1/16
印　　张：12
字　　数：180 千字
版　　次：2024 年 11 月　第 1 版
印　　次：2024 年 11 月　第 1 次
书　　号：ISBN 978-7-5768-4197-8
定　　价：68.00 元

版权所有　翻印必究

引　言

　　几个世纪以来，人类社会经历了三次科技创新浪潮，蒸汽机、电力和信息技术的出现与发展使得法律制度也随之不断变化，尤其是知识产权这一与技术发展息息相关的制度，在一次又一次的科技革命浪潮中蜕变成如今的模样。而目前，在人工智能时代中，人工智能技术的发展与应用对知识产权法来说也产生了一定的冲击。从利益与法的角度来看，人工智能技术产生了新的社会资源、新的利益和利益关系，并且这些利益关系并非绝对地能够受到已有法律的妥善调整，甚至在一定程度上对一部分保守派理论产生了冲击。

　　人工智能生成物在外观上越来越无法区分是人类创作还是有机器参与生成，甚至是完全由机器自主生成。而人工智能技术在新媒体、信息传播、创作活动中的应用可以大幅度减少人类的劳动，尤其是在体育、科学等需要大量数据分析的领域，人工智能以人类无法企及的数据存储读取量、计算量和生成速度正逐步取代人类作品，这一度让一部分人怀疑起表达与作品的关系和区别。例如，《纽约时报》开发的一款软件应用程序 Quakebot 可以尽可能快地报道最新的地震。该应用可以结合美国地质调查局的地震通知自动生成文章草稿，经《纽约时报》编辑确定其具有新闻价值，则将其予以发布。人工智能生成物在各行业中的应用已经证实了其作为一项新兴社会资源，具有相当的社会价值和经济价值，且在一定程度上将影响到人类作品的地位。

　　利益是社会主体为了生存或发展所需要满足的一种社会资源。当客观的需求对象满足主体需要时，主体之间对利益的分配必然会形成一定的社会关系。作为一种社会资源，客体对需求的满足具有稀缺性，从而导致了利益冲突的存在。利益的形成依赖于人们的实践活动，通过对有限资源的需求和争夺，产生了一定的利益关系。而社会制度则对利益的实现进行制约，这种制约在社会的各个阶段针对不同的利益关系也是不同的，制约的方式与类型也各不相同。社会规则在利益的冲突、协调、整合、平衡中产生、变化，法律就是对利益关系进行协调的制度化安排。一方面，利益的分化影响和制约着法律发展的方向，决定着法律内容的发展变化；另一方面，利益的分配、利益的保障以及利益关系的调整依赖于法律。当有新利益出现、利益结构发生变化时，法律通常需要做出即时的调整和变革，以免利益关系失衡。

　　人工智能生成物具有与作品同样的表达形式，这就使得诸多学者在考虑人工智能生成物相关利益的调整时，首先考虑以著作权法来进行规制。事实上，在现有的法律框架中，人工智能生成物作为人用人工智能机器人生成的数据结果或计算结果，有多种法律予以调整的讨论余地，但无论以何种法律来进行调整，利益归属都是首要解决的问题。

　　目前，深度学习技术在机器学习中的应用致使人工智能生成的结果可能脱离使用者的控制范围。具备深度学习的人工智能机器人在经过学习改进后，其内部模型会随着学习的数据产生相应的改变，且这一改变是无法为人所具体观测的。因此，深度学习技术使得人工智能的生成过程成为人类无法观测的"黑匣子"，无论是使用者还是设计者，都无从观测和控制其内部的新逻辑。这就导致如果以著作权法来对人工智能生成物加以定义的话，在无法明确该内容是如何生成时，或者即使明确内容的生成原理，也无法完全确定其生成物与使用者、投资者、设计者等利益关涉人的主观意图之间的关系，或者在考虑这些主观意图是否构成创作意图时，往往会引发人工智能生成物的权属争议。换言之，无论是使用者、投资者还是设计者皆因自己与人工智能机器人创作有关而具备享有其权利的可能。当一项利益的归属产生争议,这就到了法律制度来对此进行回应以"定分止争"的时候了。

目 录

第一章 人工智能生成物概述 …………………………… 1

  第一节 人工智能与人工智能生成物 …………………… 1

    一、人工智能的界定 ……………………………………… 2

    二、人工智能生成物的概念与界定 ……………………… 12

  第二节 人工智能生成物的分类探究 …………………… 16

    一、人工智能生成物分类标准探究 ……………………… 17

    二、人工智能生成物的分类方法 ………………………… 19

    三、人工智能生成物的分类 ……………………………… 23

第二章 人工智能生成物对著作权体系的挑战 ………… 29

  第一节 人工智能生成物对著作权理论的挑战 ………… 29

    一、对财产权劳动学说的颠覆 …………………………… 30

    二、对财产人格学说的挑战 ……………………………… 34

    三、对财产权激励理论的冲击 …………………………… 37

第二节　人工智能生成物对著作权客体制度的挑战 …………… 40
　　一、表现形式与人类创作作品相似 ………………………… 40
　　二、对"独创性"判断的挑战 ……………………………… 42
第三节　人工智能生成物对著作权主体制度的挑战 …………… 47
　　一、人工智能法律主体地位之争 …………………………… 47
　　二、人工智能生成物的权利主体之议 ……………………… 55
第四节　人工智能生成物对著作权内容制度的挑战 …………… 57
　　一、人工智能生成物的权利安排之争 ……………………… 58
　　二、人工智能生成物与人类作品 …………………………… 62

第三章　著作权理论对人工智能生成物的回应 …………… 66

第一节　人工智能生成物著作权保护的正当性 ………………… 66
　　一、财产权劳动理论新解 …………………………………… 66
　　二、财产权人格理论新解 …………………………………… 71
　　三、激励理论与市场竞争 …………………………………… 74
第二节　人工智能生成物的独创性认定 ………………………… 83
　　一、人工智能生成物具有独创性的可能性 ………………… 83
　　二、机器学习技术为人工智能生成物的独创性创造了条件 … 90
　　三、人工智能生成物的独创性 ……………………………… 97
　　四、人工智能生成作品与人类作品的不同创造性标准 …… 106

第四章　人工智能生成物的著作权保护构想 ……………… 109

第一节　人工智能生成物的分类规制构想 ……………………… 109
　　一、著作权法下人工智能生成物的内在划分 ……………… 110
　　二、人工智能生成物分类规制的合理性 …………………… 113

第二节　人工智能生成作品的权利安排 ………………… 117
　　　　一、人工智能生成作品的独创性来源与权利归属 ……… 117
　　　　二、人工智能生成作品的权利内容 ……………………… 123

第五章　人工智能生成物的著作权制度设计 ………………… 128

　　第一节　人工智能生成作品的登记保护 ………………… 128
　　　　一、作品登记制度之存废 ………………………………… 128
　　　　二、人工智能生成作品的登记制度 ……………………… 134
　　第二节　人工智能生成物的强制标记 …………………… 138
　　　　一、我国人工智能技术服务的规范措施与立法趋势 …… 139
　　　　二、现有规制及立法构想的缺陷 ………………………… 144
　　　　三、人工智能与其生成物的强制标记制度 ……………… 145
　　第三节　人工智能生成物的侵权责任 …………………… 146
　　　　一、人工智能生成物的侵权判定 ………………………… 147
　　　　二、人工智能生成物侵权损害赔偿的归责原则 ………… 154
　　　　三、人工智能生成物著作权侵权责任的承担 …………… 162

参考文献 ………………………………………………………… 167

后　记 …………………………………………………………… 181

第一章　人工智能生成物概述

人工智能在文学艺术创作领域的应用，使得人工智能生成物在著作权法的领域中与作为人类劳动成果的作品，在形式上正呈现趋同化。人工智能技术也在通过模仿人类思考方式和行为模式向人类智能靠拢。技术的应用、产品的迭代和生成内容形式的多样性，使得人工智能及其生成物种类众多。人工智能生成物具有与作品同样的表达形式，这就使得诸多学者在考虑人工智能生成物相关利益的调整时，首先考虑以著作权法来进行规制。当然，人工智能及其生成物种类繁杂，需要对其进行客观、科学的分类和定义来限定与著作权法有关的研究主题。

第一节　人工智能与人工智能生成物

目前，人工智能技术已经与各个产业产生了相当程度的融合，在方方面面影响和改变了人类的生活方式。但由于各学科对人工智能的理解和定义并不相同，人工智能技术在不同产业和生产环节的应用方式也各不相同。生成式人工智能只是人工智能技术应用的一个侧面。人工智能的种类是多样的，人工智能生成物同样是多样的。首先要厘清哪种人工智能及其生成物与著作权制度密切相关，值得关注和讨论。本书先对所研究的人工智能种类以及人工智能生成物的含义和类型进行讨论和明晰。

一、人工智能的界定

（一）人工智能的定义

1. 人工智能学领域中人工智能的定义

人工智能的概念被认为起源于1956年达特茅斯会议，马文·明斯基认为"人工智能是一门科学，是使机器做那些需要人利用自身智能才能完成的事情"[①]。另有学者认为"人工智能是关于知识的科学"[②]。"知识的科学"是指知识的表示，知识的获取以及知识的运用。[③]

人工智能最初诞生于20世纪50年代，是计算机学科的一门分支，其目标在于使计算机完成人类智能才能完成的任务。因此，在人工智能学科的教科书中亦有类似的表述方式："人工智能研究的是使计算机能够做出表现人类智力的行为。"但这一观点被该学科认为是狭义的人工智能的概念，有学者并不认为人工智能仅仅是计算机科学的一个分支，而是关注对人类智能进行计算建模的经验科学[④]。美国人工智能学会（Association for the Advance of Artificial Intelligence，AAAI）对人工智能的定义则将二者都囊括在内："人工智能是对作为思维和智能行为的机制的科学理解以及其在机器中的具体实现。"[⑤] 人工智能学科的主要开创者约翰·麦卡锡认为人工智能是制造智能机器的学科和工程，特别是智能的计算机程序，它与利用计算机来理解人类智能的类似任务有关，但不限于生物学上可观察的

---

① 李德毅主编，人工智能学会组编. 人工智能导论［M］. 北京：中国科学出版社，2018：2.

② 李德毅主编，人工智能学会组编. 人工智能导论［M］. 北京：中国科学出版社，2018：2.

③ Nilson N J. Artificial Intelligence［R］. Information Processing，1974：778-801.

④ 陈自富. 炼金术与人工智能：休伯特·德雷福斯对人工智能发展的影响［J］. 科学与管理，2015（4）：60.

⑤ Crevier D. AI: The Tumultuous History of the Search for Artificial Intelligence［M］. New York：Basic Books，1993.

方法[①]。因而，人工智能与计算机学科之间应该属于交叉关系，只有狭义的人工智能才属于计算机科学的分支。由于人工智能的综合性，其本身具有交叉性学科的特点，不同学科对其定义皆有一定出入，即使是同一学科的学者亦有不同的观点。

相比之下，本书更倾向于对人工智能广义的定义，即"人工智能是关于知识的科学"。因为人工智能在狭义的概念中含有"人"和"智能"这两个基础的、未明确定义的概念；而在广义的概念中只涉及"知识"这一个基础的、未明确定义的概念。在"人""智能""知识"这三个概念中，知识是研究智能的基础，人与智能的定义亦与知识的定义密不可分。此外，这一概念可以更好地辨析人工智能与其他学科之间的关系。相比于其他学科，人工智能具有普适性、迁移性与渗透性。一般学科往往是对某一领域的知识进行发掘研究。而人工智能的研究则不受到领域限制并能够适用于任何领域的知识，包括知识的表示、知识的获取，以及知识应用的一般规律、算法和实现方式等。[②]因此，人工智能与其他学科产生交叉应用和研究，并可能形成一种新的学科，如人工智能+生物学形成的生物信息学。基于尼尔森对人工智能的界定，对人工智能的研究可以细化为知识表示、知识获取以及知识应用三个部分。其中，知识表示包含概念表示、知识表示方法、知识图谱等；知识获取包含搜索技术、群智能算法、机器学习技术、人工神经网络、深度学习技术等；知识应用则包含计算机视觉、自然语言处理、语音处理、专家系统、规划、多智能系统、机器人等。

2. 知识产权法学角度对人工智能的定义

另一个关注"知识"的学科就是知识产权法学。知识产权法学将人类的智慧成果——知识的结晶作为人的财产，使其为人所获利，并以其激励

---

① Crevier D. AI: The Tumultuous History of the Search for Artificial Intelligence [M]. New York: Basic Books, 1993.

② 卢新来，杜子亮，许赟. 航空人工智能概念与应用发展综述[J]. 航空学报，2021，42（4）：251-264.

更多的人创造新的精神财富。当机器能够模仿人进行知识学习、知识表达等行为来创造"知识的结晶",知识产权法学对人工智能投射了极大的关注。相比于人工智能专业领域,知识产权法学对人工智能的定义更偏向于前文关于人工智能的狭义的定义。例如,有学者就认为"虽然人工智能并没有统一的定义,但是一般可以认为它是计算机模拟人的思维模式和智能行为"[①];又如"AI 是研究、开发用于模拟、延伸和扩展人的智能的理论、方法、技术及应用系统的新技术科学"[②]等。

知识产权法学视角与人工智能科学视角关于人工智能的定义存在分歧原因主要在于:首先,人工智能这一概念进入知识产权法学的研究领域是因为人工智能的普适性、迁移性与渗透性使得部分人工智能的智能行为涉及机器的、非人的"创造性"问题,从而引起知识产权法学的关注,因而知识产权法学中提及的"人工智能"仅仅是人工智能技术应用的一部分。其次,前文提到人工智能的两种不同定义涉及两种互补的人工智能概念,狭义的人工智能仅涉及智能机器建造的工程科学,是对现代人工智能技术的直观体现;广义的人工智能则是指人类智能计算建模的经验科学,描述了现在认知科学的主要特征。在这两种不同的人工智能观中,第一种工程科学观的定义更能直观地体现现代人工智能,因而被众多知识产权法学者采纳。最后,人工智能机器人的智能行为存在"一定的创造性",即部分智能行为可能在一定程度上脱离人类的控制范围,生成人类意料之外的结果。但是创造性一直是人类特有的属性之一。人工智能所具备的这种"创造性"必然引发人工智能是否可以成为权利主体、人工智能的智能行为是否可以认定为是"创造"、其生成的成果是否属于智力成果等问题,从而对现有法律产生冲击。换言之,人工智能对知识产权法学的冲击在于人工智能非人,却完成了只有人才能完成的事情,这对"人类中心主义"的法

---

① 王迁. 论人工智能生成的内容在著作权法中的定性[J]. 法律科学(西北政法大学学报), 2017, 35(5): 148-155.

② 郭欢欢. AI 生成物版权问题再思考[J]. 出版广角, 2020(14): 37-39.

律制度产生一定冲击。因此，知识产权法学对人工智能的研究不能忽略"人"这一基本概念，采用狭义的人工智能概念不仅可以直观地理解现代人工智能，而且可以直观地体现出人、机器与智能的联系。

3. 人工智能及其相关概念的界定

由于人工智能概念的模糊性和争议性，"人工智能"这四个字往往可以指代与人工智能有关的概念，如它可以代指一门科学、一种技术、一种产品等。正如本书研究的对象是人工智能生成物，对于该概念既可以解释为利用人工智能技术所生成之物，也可直观理解为人工智能机器人生成之物。为了确保指代的明确性，本书用人工智能、人工智能技术以及人工智能机器人等予以区分。

对于人工智能的定义，笔者支持众多知识产权学者的视角。其一，人工智能并非知识产权法学者研究的主要对象，因此不该"越俎代庖"地对其下一个"自以为是"的定义。其二，在人工智能学中较为主流的两个定义之中，该定义不仅可以直观地体现出现代人工智能，体现出人、机器与智能的关联，而且明确指出了人工智能是一门科学，是一个复杂而自成体系的概念。

对于人工智能技术的理解则应该回归到人工智能学领域中分析，即较为"专业"地从知识表示、知识获取与知识应用三方面，理解人工智能技术与人工智能。其一，人工智能技术主要体现在知识获取与知识应用方面。例如，机器学习技术、人工神经网络、深度学习技术等就属于知识获取领域，而自然语言处理、计算机视觉、专家系统等则属于知识应用领域。其二，仅仅依靠单个领域的技术无法实现现代人工智能的应用和产业化。知识应用领域的技术必然需要与知识获取领域中的技术相互协作，才能达成现代人工智能的技术目标和产业效果。人工智能的实现必然是结合知识表示、知识获取与知识应用三个方面。其三，人工智能技术是实现人工智能的先决条件，是一切可以实现人工智能的技术手段的统称。

人工智能解决的是感知、学习、语言理解或逻辑推理的任务，若想在现实生活中完成这些工作，则需要一个实物的载体。人工智能机器人的诞生，实则是人工智能与机器人融合的产物。传统的机器人是集机械、电子、控制、计算机、传感器等多学科及前沿技术于一体的装备设置，是制造技术的高水平产物。人工智能技术的发展，致使机器人系统向智能机器系统发展，形成了由人工智能程序控制的机器人，即人工智能机器人。

（二）人工智能的分类

随着一个个技术上的难题被攻克，人工智能机器人也可以完成更多、更为复杂的智能行为。人们也无法预见在将来人工智能与人的区别最后将剩下什么。首先，人工智能设计方法不断革新，这主要体现在知识表示与知识获取方面。其次，人工智能的智能行为也存在不同的表现方式，其智能行为概括而言可以划分为运算智能、感知智能、认知智能与创造智能。最后，人工智能的智能行为愈发复杂，其智能程度不断接近甚至超越人类，人工智能历经接近人类智能、达到人类智能以及逐渐超越人类智能的发展过程。因此，人工智能的分类可以从设计方法、智能行为以及智能程度予以划分。

1. 设计方法

人工智能的设计方法是设计者对人工智能的基础数据与算法选择的结果，从源头上决定了该人工智能机器人的知识获取能力与推理逻辑，从而在结果上决定了其智能行为与智能程度。人工智能的设计方法可以划分为经典的人工智能方法与基于生物进化和行为的人工智能方法。

经典的人工智能方法是一种符号处理的方法。该方法往往采用从上至下的构造方式，即先建立一个抽象的符号表达系统模型，然后将设计者自身对此问题的认知与解决问题的方式以程序的方式予以表达，从而得到一种解决问题的方法。[1] 经典的人工智能方法的特点在于，拥有一个存储基

---

[1] 李晓磊. 一种新型的智能优化方法——人工鱼群算法 [D]. 杭州：浙江大学，2003：14.

本数据信息的数据库、一种处理各种数据信息之间的逻辑关系的算法，且设计者的目标与人工智能的表现存在一致性，此类人工智能缺乏自主学习的能力，不受到外界环境的影响。

基于生物进化与行为的人工智能方法强调人工智能对环境的适应行为，采用一种从下至上的构造方式，即先建立单个实体的感知、行为机制，然后将一个或一群实体放入环境中，使其在环境中相互作用从而获得解决问题的方法。[①] 该人工智能的主要特点在于其可以从环境中感知获取数据。该智能行为的实现除去设计者赋予的运算逻辑之外还与所处环境有关，随着对环境的适应，智能行为本身亦成为环境一部分，因此很难认定智能行为是基于与环境的交互还是内部个体之间的互动。因此，该类人工智能的自身的数据库与实质的运算逻辑是不确定的。

由此可以看出，基于不同的设计方法，人工智能的智能行为与设计者的创造性劳动之间的联系是存在差异的。基于经典的人工智能方法所创作的人工智能机器人，其智能行为几乎可以完全归功于设计者在创作人工智能机器人时所设立的固定的数据信息，以及处理这些信息逻辑关系的算法。而基于生物进化与行为的人工智能方法所创造的人工智能机器人（以下简称"生物进化型人工智能机器人"）的智力行为与设计者的创造性劳动之间的联系，则存在内在的不确定性。这种不确定性表现在无法证明人工智能机器人的智能行为，完全是基于设计者的劳动而实现的。从数据的角度出发，生物进化型人工智能机器人具备从环境中获取感知数据的能力。因而设计者为其提供的数据终将成为该人工智能机器人数据来源的一部分，并且这种数据在人工智能机器人数据中的占有比例，会随着环境的变化和时间的推移逐渐减少。从算法的角度出发，生物进化型人工智能机器人的智能行为的实现除去设计者赋予的运算逻辑之外，还与所处环境有关，其本身亦构成环境一部分。换言之，设计者为之提供的运算逻辑也仅仅是构

---

① 李晓磊. 一种新型的智能优化方法——人工鱼群算法［D］. 杭州：浙江大学，2003：14.

成智能行为的要素之一，并且无法证明其智能行动是基于设计者提供的运算逻辑还是基于环境因素。但是其内在不确定性并不能否定其外在的必然。设计者在单个实体的设定以及环境的选定后，虽然设计者无法具体地预估人工智能的后续智能行为，但是其后续的智能行为必然源自设计者在先的设计。设计者的在先设计决定了人工智能行为的后续发展，若在先设计不变，在相同的环境情况下，人工智能机器人的智能行为也必然相同。

2. 智能行为

智能的表现方式可以从多种途径得以体现。例如，在不同动物的照片中找到一张含有狗的照片，或者是进行某种运算，甚至单单记忆存储都可以认为具备一定的智能。人工智能机器人的智能行为大致可以分为运算智能、感知智能、认知智能与创造智能。

运算智能是指人工智能机器人具备快速计算与记忆存储能力。计算机在这一方面的能力已经远远超过人类，最具代表性的例子是1996年人工智能机器人"深蓝"战胜当时的国际象棋冠军卡斯帕罗夫。随着人工智能技术的不断进步，人类在这类强运算型比赛中已逐渐无法战胜当代人工智能机器人了。

感知智能是指人工智能机器人具备感知环境的能力，包括视觉、听觉、触觉等。随着深度学习技术的成功应用，人工智能机器人在声音、画面等环境的识别中取得巨大的进步，在部分感知智能方面已经接近甚至超越了人类。关于人工智能在感知智能方面，最具代表性的应用则是自动驾驶技术。

认知智能是指人工智能机器人对知识的认知、运用的能力，其中最具代表性的是自然语言处理能力。自然语言处理主要包含语言理解、知识以及推理这三个部分。语言理解包括对词汇、语法、语义层面的理解，也包括对文章结构与上下文的理解。知识是指对客观事物具备认知的能力，以及可以运用知识处理问题的能力。推理则是基于对语言理解与知识，按照特定的规则或规律从而推演出某种可能结果的思维过程。

创造智能则是针对未见过、未发生的事物，运用经验，并通过想象设计、实验、验证并予以实现的智能过程。虽然创造智能与认知智能都具备运用知识解决问题的能力，但是其解决问题的方式是不同的。认知智能解决问题的方式是基于推理能力，是根据已有的特定规则或规律予以推演。而创造智能则是可以自己基于对规则或规律的认知，创立新的规则进行试验，从而得出结论。

3. 智能程度

智能程度是以人类智能为参照物反映人工智能机器人智能高低的标准。智能行为能够在一定程度上反映出智能程度的高低。一方面，随着人工智能技术的更新换代，人工智能的智能程度也有着巨大变化。就单个人工智能而言，其智能行为是随着技术的发展不断增强的。例如在计算智能中，人工智能机器人计算力的增强；在感知智能中，人工智能机器人对环境感知的增强等。另一方面，从整体的智能行为角度，从感知、认知到创造是一种不断递进的智能方式，致使其智能程度愈发趋近人类智能，解决各种不同的问题。人工智能的智能程度划分为弱人工智能（Artificial Narrow Intelligence，ANI）、强人工智能（Artificial General Intelligence，AGI）与超强人工智能（Artificial Super Intelligence，ASL）。[1]

弱人工智能，是指只能在特定领域解决特定问题的人工智能。目前出现的人工智能生成物皆来自弱人工智能机器人。

强人工智能，是指能够像人类一样思考，并且可以自主解决各类问题的人工智能。这类人工智能需要拥有计划、思考、判断、学习、交流等多种与人类相同或相似的能力。强人工智能相比于弱人工智能，在能力上更为全面，在创作意图上具有自主的能力。

超人工智能，是指具有完善的自我意识，并在各个领域具有超过人类认知的人工智能。超人工智能相比于强人工智能，其主要特点在于其具有了不断进化的能力，可以对自身不断地重新编程、改进。

---

[1] Stephan D S, Matthijs M, Tim S. Artificial Intelligence and the future of defense [M]. Hague: The Hague Centre for Strategic Studies, 2017.

（三）人工智能的法律概念

法律概念是指法律对各种具有法律意义的事物、状态、行为进行概括而形成的专门术语。如前所述，关于人工智能的两个主要定义，知识产权法学界较为统一地偏好于狭义的人工智能。有学者进一步解释了"机器做那些需要人利用自身智能才能完成的事情"，对人工智能进行了更为具体的定义：人工智能是指研究、开发用于模拟、延展和扩展人的智能的理论、方法、技术及应用系统的一门技术科学。[①]

基于对人工智能的定义，人工智能这个概念的内涵已经较为明朗。首先，人工智能的本质是一门科学，并不仅仅是一种技术或一门学科。人工智能技术才是一门技术，人工智能学才是一门学科。人工智能机器人才是能被人类所感知，具备智能行为的载体。其次，人工智能学是在研究智能的本质基础上，研发可以做出类似人类智能的人工智能机器人。再次，人工智能涉及理论、方法、技术以及应用系统等方面。换言之，人工智能是一个总的概念，包含了人工智能理论、人工智能方法、人工智能技术以及应用系统。人工智能技术以及应用系统则包含了语音识别、自然语言处理、专家系统、人工智能机器人等。最后，人工智能的智能行为可以表现在模拟、延展或扩展人类智能三个方面。

人工智能的概念虽然在内涵上可以得到较为明确的概括，但是其外延的界定上存在一定的难度。首先，人工智能技术的更新必然致使人工智能概念外延的扩张，并带动人工智能应用的发展，使得越来越多的人工智能产品出现并走入人们的日常生活中。值得一提的是，机器学习与深度学习技术的发展，致使新一代的人工智能产品的智能程度远超之前的人工智能产品，从而显得以往的人工智能"只是运算的结果"。但是人工智能不应按智能程度的不同来判断其是否构成人工智能，人工智能的智能程度是相对的，如今的人工智能终有一天也会变得"不那么智能"。其次，人工智

[①] 冯子轩. 人工智能与法律 [M]. 北京：法律出版社，2020：1.

能概念本身具有复杂性。人工智能涉及人工智能理论和技术及其应用的各个方面和角度，因而对于人工智能外延的界定需要对人工智能多个子概念分别予以界定。最后，人工智能与法律存在交互。人工智能与法律之间的交互是间接的、非全面的。法律调整的是以人为核心的关系，人工智能之所以会对法律制度产生影响，其原因在于人工智能相关产业的发展改变了人类的生产与生活方式，从而改变了不同行业的生态，致使法律需要对相关问题予以调节。法律对这些问题的关注主要涉及人工智能机器人的法律地位、其生成物的权利归属、人工智能机器人造成损害的责任分配，以及对其引发风险的法律控制等。换言之，法律对于人工智能的回应主要涉及人工智能技术或人工智能机器人等人工智能应用，对于人工智能其他方面（如研究人类智能本质）并未有所交集。因此，在法律的范畴中，人工智能概念的外延应当予以一定程度上的限制。

在界定人工智能法律概念的外延时，既要考虑人工智能与法律的实质交集，也要考虑人工智能外延扩张的可能性。人工智能是一门科学，它不能直接作用于人类的生活，但是若它拥有一个载体，成为人工智能机器人，那么就可能从物质上改变人类的生活方式。法律对人工智能技术的回应，实则是对人工智能机器人的规范。因此，在法律的范畴中谈论的人工智能是指人工智能机器人。

人工智能外延的扩张的可能性有两种方式：一种是横向的，基于人工智能技术广泛应用于不同领域；另一种则是纵向的，基于人工智能技术的重大突破，人工智能的智能程度将随之提高。如前所述，基于人工智能的智能程度，人工智能被划分为弱人工智能、强人工智能以及超人工智能，而目前我们正处于并将长期处于弱人工智能时代。出于法律的适用性考虑，人工智能概念的外延应当限制在弱人工智能的范围内，但是从法律的前瞻性角度考虑又应该在一定程度上涉及强人工智能。例如在研究人工智能生成物的保护问题上，法律的制定应当立足于长期处于弱人工智能的背景之下的现状，以弱人工智能保护为主，强人工智能保护为辅，暂时不考虑超人工智能的法律问题。因为强人工智能的诞生，必然导致人类社会的巨大变革，调整人类生活的法律也会全方位发生变化，若以目前的法律规则去调整长远未来的问题，必然有空想主义之嫌；若不予以规范，则会构成保护体系的不完整。而超人工智能的诞生对于整个人类社会将会是颠覆性的，基于人伦的角度，再发展到一定阶段，可能会如同"克隆人"技术一般予以全球性的行业禁止。因此，人工智能在法律上的外延应当限定为是弱人工智能，即只能在特定领域解决特定问题的人工智能机器人，只有在特别情况下才涉及极少部分强人工智能。

总而言之，人工智能这一科学门类包含关于模仿、加强、扩展人的智能的理论方法、技术及应用，但在法律上的外延应当限定为是弱人工智能。人工智能机器人是指包含或运用了人工智能技术的软件或实体，而人工智能生成物则是此类人工智能机器人生成的在文学、艺术和科学领域的客观表达。

二、人工智能生成物的概念与界定

合理界定人工智能生成物的概念是研究保护人工智能生成物之制度的基础。通过对人工智能本身概念的界定，本书未对超人工智能时代下的人工智能生成物的保护模式进行研究。在基于长期处于弱人工智能时代的背景下，本书仅对现有人工智能生成物及短期未来可能出现的人工智能生成物的保护模式进行研究。

（一）人工智能生成物的概念

人工智能生成物是基于人工智能在其他行业中与其他技术的结合与应用。由于人工智能自身普适性、迁移性与渗透性，人工智能技术可以应用在不同的领域。与此同时，各技术领域也因为人工智能技术产生新的变革，其原有的技术方法融入了人工智能的元素，形成新一代的技术方法。对人工智能生成物的探讨最早应该出现在自然科学领域，但这些自然科学领域的研究主要针对的是技术，而对于其生成物的描述仅仅是利用该技术可以达成怎样的效果，即此类人工智能生成物的特点。笔者在知网上利用"智能生成"或"智能生产"等关键词寻找，发现我国早在 20 世纪 90 年代就有关于人工智能生成物的"身影"。例如在医学领域，泸州医学院科研处研发出中医多专家智能生成系统，经过 405 例的回顾性与临床验证表明，处方与临床应用的符合率达到 96% 以上[1]；在电子与信息工程领域，李晖、曹汉房设计了一个通用性强的试题信息管理及试卷智能生成系统，其生成的试卷的题型、难度、分数等要求皆可由用户指定[2]；在电子技术领域，郭立提出一种从拓扑信息智能地产生表面边界模型的算法，基于该算法可以智能地生成真实表面、消除了病态表面，将形体模型的覆盖域扩展到非平面体，并可处理有空洞的形体[3]；在自动控制领域，田作华，陈学中运用一台微型计算机实现智能控制温度的方法生产感光胶[4]。

首先，人工智能生成物的本质是人工智能智能行为的结果。人工智能机器人的生成行为实则是其智能行为，它可以是运算智能、认知智能或者是创造智能。换言之，人工智能生成物可能是运算的结果、推理的结果，也可以是设计并验证得出的结果。其次，人工智能生成物根据其应用领域不同而存在不同的表现形式。例如人工智能在语言处理应用中，人工智能生成物可以以新闻报道、诗歌、写作等文本的形式出现，亦可以通过对语言知识的理解与推理，从而获得以图像的形式的结果，即从文本生成图像；在语音处理的应用中，将输入的文本转化为语音输出等。此外，人工智能生成物不仅包含直接生成的文本、图像、语音等，而且包含其内在所蕴含

---

[1] 泸州医学院科研处. 中医多专家智能生成系统通过技术鉴定[J]. 泸州医学院学报，1987（3）：224.

[2] 李晖，曹汉房. 试题信息管理系统及试卷智能生成技术[J]. 华中理工大学学报，1993（3）：93-97.

[3] 郭立. 表面边界模型智能生成的研究[J]. 中国科学技术大学学报，1990（3）：336-342.

[4] 田作华，陈学中. 感光胶生产过程中温度控制系统的智能控制[J]. 信息与控制，1988（3）：41-43，46.

的信息、知识。最后，从法律的实用性与前瞻性考虑，对人工智能生成物外延的界定应当予以一定的限制。换言之，法律制度对人工智能生成物的回应，不应当涉及对超人工智能时代的人工智能生成物的规制。

值得注意的是，上述对人工智能生成物的界定是基于人工智能机器人生成人工智能生成物这一事实而得出的基础界定，而非学界关于"人工智能生成物"的认知。"人工智能生成物"这一概念术语是由刘影提出的，但是却未对其进行实质性概念界定而是简单地表述为"人工智能创作生成的作品（以下简称'人工智能生成物'）"[①]。人工智能的概念在学术界并未达成共识，其生成物是否构成作品亦存在争议。因此，法学界对于人工智能生成物的理解极易产生细微或明显的偏差，这种偏差会致使各学者在争议讨论时，所针对的并非同一客体，进而影响讨论的效果。换言之，学者对于人工智能生成物概念的内涵外延存在一定的误差，而这种误差最为直观的表现则在于学者对人工智能生成物概念名称的表述。在目前的研究文献中，关于人工智能生成物这个概念的名称有多种说法，如人工智能创作物[②]、人工智能生成的内容[③]、人工智能生成发明、智能机器人创作物等。首先，不同的命名方式都可以体现出该学者研究的大体方向，在一定程度上反映学者对人工智能的理解。这些命名都可以涵盖一部分人工智能生成物，但是无法涵盖所有的人工智能生成物。其次，这种命名的乱象致使各名词之间的关系无法确定。最后，由于学者对人工智能生成物的认知不同，即使用了相同的名称，其对人工智能生成物的内涵、外延亦有不同的认知。因此，对于人工智能生成物在法学界概念的统一迫在眉睫。

随着科技的进步，人工智能技术的不断完善与突破，人工智能生成物已然发生了改变。早期人工智能在创作中仅仅充当一个工具，而如今的人

---

① 刘影. 人工智能生成物的著作权法保护初探［J］. 知识产权，2017（9）：44-50.
② 曹源. 人工智能创作物获得版权保护的合理性［J］. 科技与法律，2016（3）：488-508.
③ 王迁. 论人工智能生成的内容在著作权法中的定性［J］. 法律科学（西北政法大学学报），2017，35（5）：148-155.

工智能生成物已经无法确定其创作来源。在这不断更迭的人工智能技术所创作的人工智能生成物亦有所区别。为了精准地表述各类人工智能生成物，则应当予以不同的概念分类，从而区分各类人工智能生成物，使学者可以对同一类人工智能生成物进行精准研究，避免因研究对象存在差异致结论看似多样实则缺乏合理性的情况。

"人工智能生成物"一方面较为形象和直观地显示出人工智能生成结果在法律上具有与"物"相似的客体地位；另一方面，可以引导大家参照"物权"等既有制度的思维去探寻其保护规则。[①]因此，"人工智能生成物"无论是对"物质"还是"非物质"皆有涉及，并且人工智能生成物在字面表达中清晰明了地反映出其是通过人工智能技术生成而来的逻辑关系。外加"生成"一词相比于"创作""创造"更为中立。因此可以将"人工智能生成物"这一概念名称作为所有人工智能生成物的母概念，再基于对生成的"物"的性质、特征进一步划分，如"人工智能生成专利""人工智能生成作品"等。

（二）著作权法上的人工智能生成物

人工智能生成物是一个多元集合体。就种类而言，人工智能生成物是由不同智能应用的人工智能机器人所生成的，具有不同的表现形式；从性质而言，人工智能生成物既包含人工智能机器人直接生成的文本、图像等有形之物，也包含这些有形之物内所蕴含的信息、知识等无形之物；从人工智能的发展而言，人工智能生成物既包含基于人工智能技术应用而产生的人工智能生成物，也包含基于人工智能理论在未来可能出现但尚未出现的人工智能生成物。

人工智能生成物的多样性，致使其可能对不同的法律制度都带来冲击。法律制度对于人工智能生成物的回应也应当从各个法律制度出发，以如何

---

① 刁胜先，秦兴翰. 论人工智能生成数据法律保护的多元分层模式——兼评"菲林案"与"Dreamwriter案"［J］. 重庆邮电大学学报（社会科学版），2021（3）：41-53.

解决人工智能生成物对本制度带来的问题为核心，研究分析人工智能生成物。本书研究的内容是人工智能生成物著作权保护，旨在探讨著作权制度在面对人工智能技术革新带来的挑战时应当如何回应。人工智能生成物的界定，需要满足法律对于人工智能的限制。换言之，人工智能生成物的外延被限定在弱人工智能范围内。著作权制度保护的是著作权与邻接权，著作权的客体是作品，因此本书讨论的人工智能生成物应当与作品的表现形式相似或相一致，人工智能生成专利、人工智能机器人生成的客观存在有形之物皆不在本书的研究范畴之内。

值得注意的是，在著作权法上定义的人工智能生成物是经由人类筛选、修订或仅仅是将其中认为是"有用"的部分公开的信息片段，而非单纯的人工智能生成的信息片段。经由人类之手"加工"后，遑论这些"加工"包括或不包括筛选、修订、编纂、公开、传播等后续的步骤，这些人工智能生成的信息片段在经由人类社会的传播和认可后，具有了一定的社会性，承载了一定的社会期待和利益属性，进而与现行的著作权法的理论和制度存在矛盾和冲突。因此，在人工智能生成物的讨论中，我们无法将人类对这些信息片段的后续处理手段与"人工智能生成物"这一概念割裂开来，因为这是人工智能生成物具有社会性、具有法律属性的根基。因此，著作权制度下的人工智能生成物，不应当是基于事实层面的人工智能生成物，而应是具有社会性与法律属性的人工智能生成物。

综上，本书研究的人工智能生成物，是指在文学艺术创造领域应用人工智能技术时，由人工智能机器人直接生成的与著作权法规定的作品具有相同表现形式的文字、图形、音乐等内容，以及自然人利用生成的内容再进行创作的内容。

第二节 人工智能生成物的分类探究

目前，对人工智能生成物的分类方法大多是依据对人工智能的分类而进行的简单分类。例如，根据人工智能的智能程度，分别将其生成物划分为弱人工智能、强人工智能、超人工智能的生成物；或者基于人与人工智能机器人的关系，划分为人类创作主导型、人机合作型与机器人主导型。上述分类方法无法为人工智能生成物的权属提供明确科学的理论支撑。虽然人工智能生成物的种类多样，但是其生成过程必然是自然人与机器人共同创作的结果。在排除必要的生成步骤后，剩余的变量则成为人工智能生成物的分类标准，因此可以通过是否运用机器学习技术与是否有人类参与和再次创作将其划分为四类。由于人工智能生成物的创作程度与实用性不同，亦可对其进行进一步划分。通过这两步骤的划分，得出最终的人工智能生成物类型。

一、人工智能生成物分类标准探究

法律制度是以"人"为核心构建，不管是保护人的权利还是人与人之间的关系都是围绕自然人展开。在面对人工智能生成物对著作权法律制度的冲击时，学者们也依旧以"人"为标准对其展开研究，如前文关于法学界对人工智能的定义与分类的阐述。但是在人工智能具体问题上必须回归人工智能技术本身，从专业、科学的角度剖析人工智能与人的关系。因此人工智能生成物的分类既要回应人工智能机器人与人的社会关系，也要顺应人工智能技术的更新迭代。

（一）法学对人工智能生成物的分类要求

在法学领域，人工智能生成物的探讨主要集中于试图确立其权利的归属。而人工智能生成物的权属产生分歧的原因在于，人工智能生成物是由人工智能机器人在一定程度上自主生成，其结果可能无法完全由人进行控制，但人工智能不是自然人，也不是现有法律所规定的其他权利主体，从而产生人工智能机器人是否能够成为法律上的权利主体等问题。在现行的著作权法制度下，人工智能生成物与传统意义上的作品具有相似的甚至相同的表现形式，因此还涉及人工智能生成物能否成为作品、人工智能生成行为是否构成创作等问题。从根源上而言，明晰人工智能机器人与自然人之间关系成为解决以上问题的要求。

我国学者从自然人与机器人在创作主导性的问题上对人工智能生成物进行一定的划分，如人类创作主导型、人机合作型与机器人主导型。这种分类方式的问题在于，即使按照创作参与程度对人工智能生成物进行分类，依旧无法鉴别人类与机器人之间是谁占据创作主导地位。换言之，该种分类办法过于笼统，无法对各类人工智能生成物进行实质上的区分，需要一种科学的分类标准判别该人工智能生成物是由人类还是机器主导创作的。

（二）探索人工智能生成物的科学性分类标准

人工智能技术研究领域并未对人工智能生成物进行正式的、统一的分类，但是可以通过人工智能学界对人工智能的分类间接地对人工智能生成物予以划分。通过对具体某个人工智能应用的发展，可以对人工智能生成物的分类提出较为专业的标准。

人工智能生成物是人工智能机器人生成的结果，而人工智能学是从人工智能技术入手，研究如何实现人工智能。因此，人工智能生成物本身并非人工智能学的需要界定概念，但是可以基于人工智能学对人工智能的分类间接对人工智能生成物予以分类。例如基于人工智能的智能程度，将人工智能生成物划分为弱人工智能生成物、强人工智能生成物与超人工智能生成物。

人工智能研究涉及不同的人工智能应用领域，这些应用领域也随着人工智能技术的发展不断更新换代。因此，可以依据这些领域的发展情况，为人工智能生成物的分类确定科学、精准的类型化标准。例如，人工智能在自然语言处理方面的应用基本可分为三个阶段：第一阶段（20世纪60年代至20世纪80年代）是基于语言规则来建立词汇、语法、语义分析模型从而构建问答、聊天和翻译系统。该阶段人工智能的特点主要体现在其逻辑规则可以不依托于数据，直接利用人类的自省知识，缺点在于规则的可扩展性无法解决，导致其能够覆盖的场景严重不足。第二阶段（20世纪90年代至20世纪初）是基于统计的机器学习的发展，使得人工智能可以采用统计的方法来完成对自然语言的处理。其工作流程主要是利用带有人工标注的数据建立机器学习系统，通过学习经标注的数据来构建系统的参数和模型。运行时利用这些学习得到的参数和模型，对输入数据进行解码和匹配，从而得到预期的输出结果。第三阶段（2008年至今）是深度学习技术的进一步应用，即先把深度学习技术用于特征计算或建立一个新的特征，然后再在原有的统计学习框架下体验效果。通过深度学习技术建模，实行端对端的训练。这种神经网络的端对端训练使得自然语言处理技术不需要人工进行特征抽取，只要有足够的标注数据，利用神经网络就可以获得一个现阶段最好的模型。并且，这一自然语言系统可以通过用户或环境的反馈调整神经网络各级的参数和模型，自动改进系统性能。总而言之，人工智能在自然语言处理方面，历经传统技术、机器学习技术、深度学习技术和神经网络而形成不同层次的三类人工智能。而这三种人工智能生成原理有着实质性的差异。这些实质的差异可以为自然语言处理类人工智能生成物的划分提供科学的理论依据。

综上所述，对人工智能生成物的划分应当结合其生成过程与结果，以控制变量的方法对人工智能生成物予以分类，再根据其运用的不同人工智能技术进一步明晰人类在生成过程中具体贡献，并确定其权利归属。

二、人工智能生成物的分类方法

（一）以人工智能生成物生成方式划分

为了公平合理地分配人工智能生成物的相关人在人工智能生成过程中所付出的劳动成果，需要对人工智能生成物的生成过程进行剖析。人工智能生成物是由人工智能机器直接生成，其生成过程无法体现人在生成过程中的劳动成果。因此需要溯源到人工智能机器人创作过程中，将人工智能机器人创造与人工智能生成物生成两个部分融合起来看成一个整体，使人的劳动与人工智能生成物联系起来,根据人在创作中的贡献明确人工智能生成物的权利归属。

人工智能生成物的创作流程需要经历但不需要完全经历以下几个步骤:①投资;②设计;③机器学习;④再次学习;⑤输入;⑥生成;⑦筛选与修订。投资是指投资者对人工智能项目的开发,是人工智能生成物得以实现的首要因素。人工智能的研发需要大量的财力支持,而投资者则为人工智能机器人的创设在资金上提供了必要的支持。此外,投资者对人工智能机器人的设计要求具有指导性。设计是指设计者收录原始数据设计算法,是人工智能机器人创设的技术需求。机器学习是指人工智能机器人通过机器学习技术优化运算结果,这是早期人工智能并不具备的能力,是算法优化带来的结果。再次学习是指人工智能机器人在不同环境下,通过收集不同数据优化算法,最终导致人工智能机器人的个体差异性。输入是指行为人输入数据,弱人工智能时代的人工智能机器人没有自主创作意识,因而人类的输入行为是人工智能创作的必要条件之一。生成是指人工智能机器人根据输入的内容,基于自身的算法与环境生成原始人工智能生成物。原始人工智能生成物是由人工智能机器人直接生成的结果,没有任何人类智力对其修改。筛选与修订是指自然人对原始人工智能生成物进行筛选、修改或再次创作,对其赋予新的人类智力劳动成果形成新的完整的人工智能生成物。

人工智能机器人本身就是人类的智力劳动成果,因此人工智能生成物的创作过程可以划分为人工智能机器人创作阶段,人工智能学习阶段与人工智能生成三个阶段。人工智能创作阶段是人类创作人工智能的活动,与前文对应的则是人工智能的投资与设计。人工智能学习阶段是机器人利用机器学习技术,脱离设计者"掌握"的过程,与前文对应的是机器学习与再次学习。人工智能生成阶段是人工智能生成物的实际创作过程,包含了输入、生成、筛选与修订。

在人工智能创作阶段中,无论是投资还是设计都是人的行为,与人工智能机器人的劳动无关。虽然弱人工智能没有自主意识,在人工智能学习阶段需要依赖人类劳动在数据搜集方面的介入，但是机器学习和再次学习应该归属于人工智能机器人的劳动。在人工智能生成阶段中，输入、筛选与修订的行为是人类劳动，而生成的行为是人工智能机器人的劳动。

人工智能创作阶段是所有人工智能生成物必不可少的创作步骤之一。人工智能学习阶段中的机器学习与再次学习是人工智能生成物逐步更新变化的过程，即人工智能机器人具有三种类型：原始的无法进行机器学习的人工智能机器人、拥有机器学习技术的人工智能机器人，以及受环境影响得以形成个体差异的人工智能机器人。机器学习、再次学习是人工智能生成的第一个变量。在人工智能生成阶段中，输入与生成是所有人工智能生成必不可少的步骤。筛选与修订是人工智能生成的第二变量：人工智能生成物在初步生成后是否有人类智力劳动进一步的参与。因此排除必要创作步骤的定量之后，根据是否具备机器学习能力与是否对生成结果有进一步人类劳动这两个变量，人工智能生成物得以划分为四种类型：第一种是指不具备机器学习能力的机器人生成原始人工智能生成物；第二种是人类对第一种人工智能生成物进行筛选、修改、运用等获得的人工智能生成物；第三种是指具有机器学习能力的机器人生成的原始人工智能生成物；第四种则是对第三种人工智能生成物进行筛选、修改、运用等所获得的人工智能生成物。

该划分一方面是以机器学习技术为分界点，区分早期人工智能仅仅作为工具与具备机器学习能力的人工智能所生成的人工智能生成物，有助于对人工智能生成物的权利归属问题的研究；另一方面则是以生成结果为时间点，区分机器直接生成的结果与利用其结果创作的人工智能生成物，有助于研究人工智能生成物的合理使用、权利内容等问题。

（二）以人工智能生成物的创作程度与实用性进一步划分

从创作程度角度而言，人工智能技术的革新致使人工智能生成物呈现一种由创作素材到完整"作品"的趋势。根据不同的原始人工智能生成物，人类对其进行的后续处理亦不尽相同。因此有必要依据原始人工智能生成物的创造程度与实用性对其进行进一步划分。根据原始人工智能的创作程度与实用性划分为人工智能生成成果、人工智能智慧产物、人工智能运算结果、人工智能生成无用信息。

人工智能生成成果指从作品的标准来看趋于完整的原始人工智能生成物，与人类智慧成果在表现形式上相似甚至相同，且普通大众难以明确地区分两者。人工智能生成成果是人工智能智慧产物不断完善的结果，是人工智能在作品创作领域中发展到极致的体现。因此，即使弱人工智能发展到后期，人工智能机器人生成的内容亦不会超过人工智能生成成果的范围。

人工智能智慧产物指蕴含一定创造性的信息、内容，但需要人类进行一定的加工处理才可达到完整作品程度的原始人工智能生成物。人工智能智慧产物整体不具备实用性，但是其部分内容具有一定的创造性价值。相比于人类直接创作，人类利用这些信息进行创作更为便利。

人工智能运算结果指该类原始人工智能生成物只是对数据的统计或运算，是对事实问题的客观分析结果或对事实的描述，不在作品的保护范围之内。人工智能运算成果仅仅是对数据的处理结果，人类对其运用有更大创造空间，但其本身不具有作品属性。

人工智能生成无用信息指该生成的结果目前无法被人类所理解或无法对其进行有效的利用。人工智能生成无用信息可能是基于经典人工智能方法因算法错误而获得无用信息，也可能是基于机器学习而获得的人类难以理解的信息。值得一提的是人工智能生成无用信息，是基于生成内容的没有利用价值这一特性。一旦其内容被理解或有效利用，其可能构成人工智能智慧产物甚至人工智能生成成果。

以用于生成数学考试试卷的人工智能机器人为例。若其生成的内容是一张完整的数学考试试卷，那么该内容就是人工智能生成成果；若其生成的内容表面上看是一张数学试卷，但是其内容有部分是无解的错题或者有部分是语文考试的内容等问题，那么该内容就是人工智能智慧产物；若其生成的内容只有题目的序号1、2、3而没有具体的题目内容，那么该内容就是人工智能运算结果；若其生成的内容是一段无法理解的编码或者是一套英语考试试卷，那么该内容就是人工智能生成的无用信息。

该划分是根据原始人工智能生成物内容的创造程度与实用性进行的划分。由于原始人工智能生成物的创作程度不同，自然人利用原始人工智能生成物的创作空间必然有所不同，继而可以根据实际创作情况判断其实际的创作主体并合理划分其权利归属。

三、人工智能生成物的分类

通过上述人工智能生成物的"生成方式＋实际成果"分类方法，人工智能生成物理论上可以划分为十六种（表1-1），即四种生成方式乘以四种实际成果，但是由于其内在的逻辑趋于相同，部分种类可以予以合并。例如，无论是何种生成方式生成的人工智能无用信息，人类皆无法对其进行利用，因此应当合并到同一种人工智能生成物类型。

表1-1 人工智能生成物的分类

实际成果	生成方式			
	无人类辅助		人类辅助	
	无机器学习能力	有机器学习能力	无机器学习能力	有机器学习能力
人工智能生成成果	无A	人工智能生成作品	无B	人工智能修改作品
人工智能智慧产物	人工智能智力成果A	人工智能智力成果B	人工智能衍生作品A	人工智能衍生作品B
人工智能运算结果	人工智能运算成果A	人工智能运算成果B	人类作品A	人类作品B
人工智能生成无用信息	人工智能生成废物A	人工智能生成废物B	无C	无D

（一）人工智能生成物的类型

1. 人工智能生成作品

人工智能生成作品是具备机器学习能力的人工智能机器人直接生成的人工智能生成成果，没有人类的后续辅助加工。该人工智能生成物是由人工智能机器人利用机器学习技术直接生成的满足作品独创性的人工智能生成物。该生成物具有与自然人作品一致的表现形式，无须人类对其内容进一步加工。由于不具备机器学习能力的人工智能机器人无法直接生成完整的、具有作品表现形式的人工智能生成物，因此不存在不具备机器学习能力的人工智能机器人直接生成人工智能生成成果的可能（即表1–1中的无A），也不存在人类对其二次创作的可能（即表1–1中的无B）。

人工智能生成作品是否具有独创性、构成作品是讨论人工智能生成物著作权保护的前提与核心。人工智能生成作品作为现有最高人工智能技术产物，是"机器创作"的代表。只有论证其具备独创性构成作品，才有对其他较低的人工智能技术产物进行讨论的必要。因此，对于人工智能生成作品的研究主要在于讨论其是否具有独创性。

2. 人工智能修改作品

人工智能修改作品是自然人基于人工智能生成作品的二次创作形成的作品，即人类在具备机器学习能力的人工智能机器人生成的人工智能生成成果之上进行创作的内容。但是由于人工智能生成作品已然趋于完整，自然人对其进行二次创作的创作空间并不大。

对人工智能修改作品的讨论需要在人工智能生成作品是否构成作品这一问题之后进行探讨。若人工智能生成作品具有独创性构成作品，则人工智能修改作品是人工智能生成作品的运用；若人工智能生成作品不构成作品，人工智能修改作品基于少量的人为因素亦有构成作品的可能。

3. 人工智能智力成果

人工智能智力成果既可以是不具备机器学习能力的人工智能机器人直接生成的人工智能智慧产物的一部分（即表1–1中的人工智能智力成果A），也可以是具备机器学习能力的人工智能机器人直接生成的人工智能智慧产物的一部分（即表1–1中的人工智能智力成果B）。人工智能智力成果是指由人工智能机器人直接生成的可以作为创作素材的人工智能生成物。人工智能智力成果虽然不能满足作品的独创性，但可以为自然人提供创作框架或作为素材便利自然人创作。由于人工智能智慧产物存在大量的内在价值，自然人对其不同角度的使用会产生不同的效用。例如，自然人可以选取内在信息予以总结并提起专利申请或是基于其数据的信息价值予以秘密的保护。而人工智能智力成果仅仅是从适用于创作素材的角度予以分析，是人工智能智慧产物的一种。

人工智能智力成果虽然是由人工智能机器人直接生成，但是并非完整的人工智能智慧产物。假如人工智能机器人生成的人工智能智慧产物是一部电影，而人工智能智力成果则是其中的一帧画面。如果将人工智能智慧产物作为一个整体，其内容可以基于大量无用信息或者抄袭导致其不具备独创性无法构成作品，但是其生成的人工智能智力成果依旧存在一定的价值；如果将人工智能智力成果作为一个整体，其亦有具备独创性的可能，如"一帧画面"可以构成一个摄影作品或美术作品，而"一部电影"却可能因抄袭无法构成一个视听作品。

人工智能智力成果这一概念的提出，笔者有以下几点考虑：其一，人工智能技术是在不断进步和完善的，因此现阶段的人工智能生成物往往无法达到人工智能生成作品的要求，即以作品的形式完整出现。但是，其生成的部分内容中却蕴含具有"价值"的内容，而这些"内容"可以单独构成作品或者有助于新的作品的创作。其二，人类利用人工智能智力成果进行创作已不是未来式，例如对拥有人工智能技术的翻译软件翻译的内容进行校正与修改。现阶段对于此类创作方式形成作品皆认定为人类作品。但是，利用人工智能智力成果创作与纯粹的人类创作应当有所区别。因此，有将其单独讨论的必要，如如何规范利用人工智能智力成果进行创作等问题。其三，人工智能智力成果的商业价值远远高于人工智能生成作品。人工智能智力成果这种碎片化的内容比趋于完整的人工智能生成作品更容易加以利用，从而创作出新的作品。其四，人工智能智力成果本身亦存在具有作品独创性的可能。

值得一提的是，前文对于人工智能生成成果与人工智能智慧产物的划分，仅仅是依据其生成内容的完整程度进行的粗略的划分。因此，对于其生成的部分内容单单属于人工智能智力成果，还是人工智能生成作品的一部分将难以判断。换言之，人工智能智力成果亦可以是人工智能生成作品的一部分。但是由于人工智能生成作品将会以作品的形式进行整体的保护，其部分的内容将会被包含于整个作品之中，即这部分内容将会以作品的形式予以保护。因此，本书所指的人工智能智力成果只属于那些整体不能单独构成作品但是其部分内容具有价值的人工智能智慧产物。

4. 人工智能衍生作品

人工智能衍生作品是指自然人利用人工智能智力成果进行创作形成的作品。因此，它既可以是人类利用人工智能智力成果生成 A 创造而成的内容（即表 1-1 中的人工智能衍生作品 A），也可能是人类利用人工智能智力生成成果 B 创造而成的内容（即表 1-1 中的人工智能生成物 B）。人工智能衍生作品与人工智能修改作品不同的是由于人工智能智慧产物的不完整性，自然人对其创作具有巨大创作空间。在机器学习技术尚未发展之前，人类早已将计算机生成的内容用于自身的创作，并在是否构成作品问题上达成共识，即利用人工智能智力成果 A 创作而成内容是人类作品。例如，人类利用翻译软件先对某段文字进行翻译，然后再在软件翻译的内容之上结合自己的理解进行修改，而这最终创作的内容被认定为人类作品。

人工智能衍生作品这一概念的提出，笔者有以下几点考虑：其一，由于人工智能技术不纯熟，人工智能生成作品必然只是原始人工智能生成物中的龙鳞凤角，而绝大多数的原始人工智能生成物皆需要人类进行进一步的提取加工。因此，现阶段流入公众视野中的人工智能生成物绝大多数是人工智能衍生作品。换言之，对版权生态造成冲击的并非人工智能生成作品而是人工智能衍生作品。其二，人类利用不同的人工智能智力成果创作的"作品"，是否真的构成人类作品？是否应当有所区分？例如前文中的人工智能衍生作品 B 是否构成人类作品？人工智能衍生作品 A 与人工智能衍生作品 B 是否需要进行区分？其三，人工智能衍生作品是人工智能生成作品的补充。即使无法论证人工智能生成作品构成著作权中的作品，人工智能衍生作品作为人工智能生成物中的一种，也可以具备独创性构成作品。

5. 人工智能运算成果

人工智能运算成果有两种生成方式：一种是不具备机器学习能力的人

工智能机器人直接生成的运算结果（即表 1-1 中的人工智能运算成果 A），还有一种则是具备机器学习能力的人工智能机器人直接生成的运算结果（即表 1-1 中的人工智能运算成果 B）。人工智能运算成果是人工智能机器人对数据的统计、分析等基本运算结果，这种结果是基于运算而来的客观事实的内容。因此，无论是否存在具备机器学习能力这一变量，其生成的内容不具备独创性。因此，人工智能运算成果 A 与人工智能成果 B 可以予以合并。自然人对其利用、创作而成的作品（即表 1-1 中的人类作品 A 与人类作品 B）与人类作品无异。

6. 人工智能生成废物

人工智能生成废物是各类人工智能机器人生成的无用信息（即表 1-1 中的人工智能生成废物 A 与人工智能生成废物 B）。无论其结论是基于算法错误还是人类智力难以理解，其本身的利用价值几乎不存在，进而不存在对其利用的问题（即表 1-1 中的无 C、无 D）。

（二）"生成方式 + 实际成果"分类方法的意义

首先"生成方式 + 实际成果"分类方法将概念体系化。人工智能生成物的多样性致使不同人工智能生成物的内涵外延存在一定的差异。通过该人工智能生成物的分类方法，可以对人工智能生成物进行实质的划分，形成完整的人工智能生成物概念体系，避免人工智能生成物的多样性导致对其研究时"牛头不对马嘴"的乱象。人工智能生成物是以下所有概念的母概念，包含一切运用人工智能技术所直接生成原始人工智能生成物和对原始人工智能生成物进行修改、加工而成的人工智能创造物。原始人工智能生成物包括人工智能生成作品、人工智能智力成果、人工智能运算成果，以及人工智能生成废物。而人工智能创作物包括人工智能修改作品与人工智能衍生作品。人工智能修改作品是对人工智能生成作品的改编。人工智能衍生作品是对人工智能智力成果的再次创作成果。

其次，"生成方式 + 实际成果"分类具有普适性。人工智能技术是不断发展变化的，因而对于人工智能生成物的分类不应当局限于现在。该人工智能生成物的分类不仅包含过去人类对人工智能生成物的运用，即人类利用人工智能智力成果 A 创作人工智能衍生作品 A，而且可以涵盖未来可预见的人工智能生成物，即弱人工智能时代后期甚至强人工智能时代生成的人工智能生成作品。此外，该人工智能生成物的分类不仅适用于所有已经出现的、被大众知晓的、具有作品表现形式的人工智能生成物，还可以适用于未来可能出现的（但尚未进行人工智能应用被大众知晓的）其他具有作品表现形式的人工智能生成物。

最后，"生成方式＋实际成果"分类方法为人工智能生成物分类保护提供了可行性。人工智能生成物的生成原理的多样性，致使"一刀切"的保护方式存在不公平合理的可能。通过该人工智能生成物的分类方法，可以在一定程度上把人类劳动与机器生成区别开来，继而明确不同的人工智能生成物的合理的权利归属，从而将人工智能生成物著作权保护这个复杂问题简单化。

第二章 人工智能生成物对著作权体系的挑战

人工智能技术作为新型的创作手段和方式，其生成的成果在无限地向人类创作成果靠近，其生成过程也在不断地模仿人类思维和创作的过程。人工智能技术在创作领域中的成功运用，自然地使其以自主地"创作"出与人类作品几无区别的成果为成功目标。这种技术运用与技术发展目标，在客观上对著作权制度及其理论产生了一定的冲击，即其生成物在著作权法上应当如何定位，以著作权法来对其进行定义是否具有正当性，若在著作权法框架下对其提供保护，则其权利范围和权利归属又应作何安排尚且存在争议。

第一节 人工智能生成物对著作权理论的挑战

人工智能的研发目标是通过模仿人类思考和行为的模式来尽可能地模仿人类智能，尤其是在具有完善神经网络的深度学习技术型人工智能面前，人不再是唯一的具有创造性的主体。[①] 作为保护"人"创作的"智力劳动成果"

---

① Yann L C, et al. Deep Learning [J]. Nature, 2015, 521: 436-444.

并以此来激励"人"进一步创作更多的"智力劳动成果"的著作权法，在人工智能技术的冲击下，其所依据的财产权劳动学说、财产权人格学说、激励理论等的适用性都受到了一定程度的挑战。回答和应对人工智能技术带来的新问题，能够为著作权制度或许应做出的变革提供新的思路和理论基础。

一、对财产权劳动学说的颠覆

17世纪英国哲学家洛克的财产权劳动学说认为，人能够通过施加在某公共物品上的劳动，使其成为自己的财产，排斥其他人的共同权利。这种私有权是一种天赋的权利，对其进行保护是天经地义的。[1] 财产权劳动学说最初用以证成财产权的正当性，并未涉及著作权等无形财产权。随着时代的发展，人类的创造性劳动所提供的生产力比例增加，创造性劳动所产生的智力成果与日常可见的传统有形的财产之地位一样受到认可，财产权劳动学说也被用来证成人对其通过创造性劳动获得的智力成果的权利正当性。

财产权劳动学说的主要内容可以分为三部分来理解。首先，自然状态下人们对地球上一切资源的平等共有，没有人享有私人权利。其次，由于每个人对自己的人身享有所有权，当一个人通过其个人的劳动使任意东西脱离了原本的自然状态，那么可以说其劳动与之的混合使其成为属于个人的财产。[2] 换言之，正是"劳动"使得原本共有之物成为私有之财产。最后，洛克提出，劳动者在获取自己的所有权时，至少为他人留下"足够多而且同样良好"的东西。[3] 劳动者的劳动成果财产权不能被人干涉，但该

---

[1] 洛克. 政府论：下篇[M]. 叶启芳、瞿菊农，译. 北京：商务印书馆，1996：19.
[2] 洛克. 政府论：下篇[M]. 叶启芳、瞿菊农，译. 北京：商务印书馆，1996：19.
[3] 洛克. 政府论：下篇[M]. 叶启芳、瞿菊农，译. 北京：商务印书馆，1996：21.

财产权也不得损害他人的权利或妨碍他人使用和获取公共物的权利。① 总的来讲，财产权劳动学说分为物之原始的共有状态、因劳动而转换为私人财产，以及财产权的限制三个部分。

将财产权劳动学说用以论证著作权之正当性时，有观点从"劳动"的角度出发，认为知识产品同样是人们劳动的成果。如果说对土地和原料的工作构成能够使其对产品的所有权合法化的"劳动"，那么创造新思想的工作同样是使得人对知识产品享有"所有权"的"劳动"。② 且"从本质上看，我们就会发现有形财产和无形财产其实并不存在什么本质上的区别"③，因此"思想财产"与"物质财产"一样，都可以为创造者拥有。持此观点的学者认为，如果思想预先存在于自然中，那么发现的人或者首先占有它的人，就会成为法律上的合法所有人；如果思想不是预先存在的，那么其财产权就属于创造这些思想的人。④

价值增加理论则关注劳动所增加的那部分价值。该理论认为只要劳动者创造了新的知识产品，增加了整个知识领域的价值，那么劳动者至少对因其劳动而增加的那部分新价值享有权利。其核心在于：谁对社会价值做出了贡献，谁就应该获得补偿。⑤ 从这一角度出发，著作权的保护正是来源于创作者创造出相对于已有的作品而言具有"独创性"的新作品这一贡献，"独创性"作为创作者因其创作而获得补偿或言之奖励的依据。从保护范围来看，著作权人也只能够对其作品中具有独创性的表达部分主张权

---

① 朱理. 财产权劳动学说与知识产权——劳动学说能够为知识产权提供正当性吗？[J]. 科技与法律，2006（5）：57-62.

② 易继明. 评财产权劳动学说［J］. 法学研究，2000（3）：99.

③ 易继明. 评财产权劳动学说［J］. 法学研究，2000（3）：99.

④ Spooner L. The Law of Intellectual Property：An Assay on the Right of Authors and Inventers to a Perpetual Property in Their Ideas［J］. The Collected Works of Lysander Spooner，1971.

⑤ 朱理. 财产权劳动学说与知识产权——劳动学说能够为知识产权提供正当性吗？[J]. 科技与法律，2006（2）：60.

利，因为只有这一部分才是他的劳动所增加的新价值。

有学者主张将原本的财产权劳动学说中对于物品的原始共有的消极共有状态转化解读为"积极共有"状态，才能合理解释知识产权的权利取得。[1] 与消极共有状态下任何人都可随意对资源主张权利相比，在积极共有状态下，任何人要对共有物享有权利的前提是必须经过全体共有人同意。为防止私有权利对公共领域的侵占，知识产权制度规定了权利取得的统一标准，即对知识生产者对新的知识的创造性劳动之贡献进行判断和衡量。著作权法上的"独创性"就是积极共有人设定的创作者取得权利的标准。

人工智能运用于文学艺术创作领域而产生的成果对基于财产权劳动学说的著作权正当性证成产生了一定的冲击。首先，人工智能生成信息的过程很难定义为传统意义上的"劳动"。从财产权劳动学说出发，著作权的取得是基于创作者的创作活动这一脑力劳动，创作者在前人的劳动成果基础上进一步的劳动产生了新的成果，从而对新的劳动成果中独创性来源于他的部分得以主张权利。而如前文所述，人工智能神经网络的构建思路正是模仿人类的思维活动过程。因此，人工智能的输出过程模拟了人的创作过程，也就是人的脑力劳动过程。从过程上而言，两者是类似的，但从性质上来讲，二者难以等同。创作者的著作权来源是他对原本处于共有状态的知识的创造性干预；而恰恰相反的是，人工智能技术以排除人的干预为发展目标，在完全由人工智能自主生成的"作品"中，没有人的干预因素在生成过程中被降至最低点甚至是零。从技术实现的角度来剖析可知，人工智能的生成过程是算法的自主运算过程，人的意志和行为不对最终的运算生成结果产生决定性的影响，这一过程很难被称为"劳动"。换言之，"劳动"已并非人所之专有。这一生成过程首先排除了人的具体干预，即排除了人施加其上的直接劳动，因此也排除了劳动的主体。真正自主生成结果的是人工智能算法本身，劳动的主体究竟应当如何认定又因此陷入了

---

[1] 德霍斯. 知识财产法哲学[J]. 周林, 译. 北京：商务印书馆，2008：3.

困惑。此外，人工智能不具有评判劳动成果价值的能力。[①] 在劳动者通过个人的劳动为原本处在共有状态下的物品打上私人的印记时，劳动者本身对该客体和自身的劳动存在主观的价值评判。就如一个墨点或许能成为一幅画，原因在于作画者主观上对其进行了价值附加。劳动者需要能够对成果进行价值评判才能具备实际意义。[②] 在人工智能生成的过程中，进行"创作劳动"的算法并不能对其生成的成果进行价值评判，无法断定其生成的结果是否足以作为作品或者具有其他意义。这就意味着，不仅是"劳动"过程本身被改变了，"劳动"的意义也变得模糊起来。人工智能生成的过程，客观上排除了人的劳动干预，但要为这些成果赋予意义，还得重新定义这一生成过程的劳动意义。

其次，在关乎劳动学说的"共有"要素时，有学者认为人工智能超强的文本数据挖掘能力使其创造物能够轻而易举地满足权利取得标准，进而获得知识产权保护。[③] 这就使得在积极共有前提下，作为推定共有人同意条件的著作权制度中的"独创性"要求能够轻易地被人工智能所满足，从而使得"积极共有"的前提形同虚设，回归有形财产理论中的"消极共有"。这一影响可能会导致私有权利对公共领域的过度侵占。

最后，人们因劳动而获得财产权是有先决条件的，并非所有的劳动都能将公有领域的物品划归己有。财产权劳动学说提出的先决条件是劳动者在获取自己的所有权时，至少为他人留下"足够多而且同样好"的东西。因此在原始状态下，当每一个人占有负载自己劳动的产品，而不会侵犯他人已占有的东西，且为他人留下足够而良好的部分[④]，以待他人通过劳动

[①] 刘强. 人工智能知识产权法律问题研究 [M]. 北京：法律出版社，2020：29.

[②] 德霍斯. 知识财产法哲学 [J]. 周林，译. 北京：商务印书馆，2008：64.

[③] 刘鑫. 人工智能对知识产权制度的挑战与破解——洛克"财产权劳动学说"视角下的路径选择 [J]. 云南社会科学，2020（6）：141.

[④] 冯晓青. 知识共有物、洛克劳动学说与知识产权制度的正当性 [J]. 金陵法学评论，2020（1）：76.

来进行后续的占有。这一先决条件在著作权制度中映射为"思想不被私有"的规则和著作权限制制度等。思想不被私有，著作权的保护范围仅限于具独创性的表达，这是防止私权控制无形的思想。一旦思想也能被私有，那么公有领域中就不存在"足够多且同样好"的东西留给他人了。著作权的限制制度也同样在于此。人工智能技术之所以被视为对这一先决条件产生了冲击，是因为人工智能在进行文学艺术形式的"创造"时，其生成的结果是对现有客观表达的组合的穷尽探索。当表达的组合被穷尽，公有领域也将被私权利彻底地侵蚀，其他共有人获取足够多、同样好的东西的难度将急剧增加。[1]以现有的对于人类作品的权利取得标准来同等地衡量人工智能生成物时，则会使得人类作者不得不退出作品市场，造成著作权产业的萎缩。[2]

二、对财产人格学说的挑战

除财产权劳动学说以外，常被用以证成知识产权正当性的理论还有黑格尔的"人格学说"。洛克以"劳动"来关联人格与外物，将劳动视为人格的属性。黑格尔则认为，财产权是自由的一种运用，财产作为一种法权，它的确定地位和出发点是意志。[3]与意志相比，劳动只是人格的属性，因劳动而所有的物品仅仅是一种外在的持有，并不涉及情感上的、意志上的。劳动所提供的只是偶然性的、经验性的占有，并不能为实体的法权占有提供基础[4]，法权应当以预设一种理智的占有，以人的自由意志作为财产权的基础。从个体自身欲望的满足而言，意志是人希求某物的体现，自由的

---

[1] 刘鑫. 人工智能对知识产权制度的挑战与破解——洛克"财产权劳动学说"视角下的路径选择［J］. 云南社会科学, 2020（6）：142.

[2] 曹源. 人工智能创作物获得版权保护的合理性［J］. 科技与法律, 2016（3）：488-508.

[3] 黑格尔. 法哲学原理［M］. 范扬, 张企泰, 译. 北京：商务印书馆, 1961：10.

[4] 康德. 康德著作全集：第六卷［M］. 张荣, 李秋零, 译. 北京：中国人民大学出版社, 2007：277.

充实依赖于主体对某一内容的选择和实现。① 从人类社会的整体而言，欲望不仅以单纯特殊的东西为对象，更应该追求真正普遍的东西。② 这种普遍性的实现需要"自在自为地存在的规章制度"③，包含着人与人之间以相互承认为中介确立的普遍意志以及意志的具体表现，包括法律、制度等。④ 基于这一自由的基础，人有权将意志体现在任何物之中，从而使该物成为"我的"东西。⑤ "每一个人都有权把他的意志变成物，或者物变成他的意志。"⑥ 任一主体占有某种东西不需要以某种东西为中介去获得占有，其意志直接体现为对物的占有，占有的内在前提和基础都体现在对自由的规定中。⑦ 至此，人格自由的直接显现是财产获得的表现形式，财产权人格学说将自由意志、人格与财产权联系起来。人格的本质内涵在于意志自由，意志自由是财产获得的前提和基础，财产权是人格与意志自由实现之保障。

在人格说延及知识产权正当性的论证中，知识产权保护的客体比有形财产更能体现对人的意志自由和人格的保护。作品体现了创作者的创造意志，是创作者人格的延伸。一篇文章之所以为文章，而非文字的客观组合，正是因为创作者凝聚其中的人格之体现。故而有学者将财产权人格学说的

---

① 丁宁. 财产权何以可能——论洛克、康德和黑格尔的财产获得思想[J]. 吉林大学社会科学学报，2020（6）：204.

② 丁宁. 财产权何以可能——论洛克、康德和黑格尔的财产获得思想[J]. 吉林大学社会科学学报，2020（6）：204.

③ 黑格尔. 法哲学原理[M]. 范扬，张企泰，译. 北京：商务印书馆，1961：164.

④ 丁宁. 财产权何以可能——论洛克、康德和黑格尔的财产获得思想[J]. 吉林大学社会科学学报，2020（6）：204.

⑤ 黑格尔. 法哲学原理[M]. 范扬，张企泰，译. 北京：商务印书馆，1961：52.

⑥ 黑格尔. 法哲学原理[M]. 范扬，张企泰，译. 北京：商务印书馆，1961：53.

⑦ 丁宁. 财产权何以可能——论洛克、康德和黑格尔的财产获得思想[J]. 吉林大学社会科学学报，2020（6）：205.

主旨概括为"意志—人格—财产"三要素组成的理论脉络。[1] 笔者认为，财产权人格学说在著作权制度中的解读在于，人具有表达自我、展现自我、坚持自我的欲望与自由，从更普遍的层面来看，任何人得以自由地展现自我人格的表达，且这一表达应当被认为是特定人的人格之表达，而非任何人可以张冠李戴。作品是创作者人格的延伸与体现，作品作为创作者之财产是自由意志的体现，因此为其提供著作权法上的保护正是对创作者人格的保护。

人工智能技术在文学艺术创作领域的应用，无疑使得人格学说对著作权制度的正当性解释受到了挑战。首先，人工智能生成物的生成过程中并不对任何人的人格和个性具有直接的体现[2]，其生成结果从客观上来说是算法的电子运算结果，是对表达要素的客观组合。这些组合对于人工智能本身来说是没有任何意义的，是不具有情感和意思的表达。它并非任何人之所欲表达而产生。其次，正因为人工智能生成物不体现任何人之人格，不为任何人人格之延伸，因此根据人格学说，人工智能生成物的利益主体无从确定。当涉及工具论项下的人工智能生成物时，人工智能必须作为人的工具被使用，作为次要地位生成结果时，其生成结果的权利主体并不会因为人工智能技术的应用而产生变化。但在人工智能发展为更高自主化的存在，完全脱离人的操控自主生成文学艺术表达时，人可能只对人工智能算法本身倾注了个人的思想，对于后续其自主生成的结果而言，从人格学说角度来看，这些结果并无任何人为其倾注思想、表达人格。这些表达只是客观存在的表达元素的机械组合，可以被阅读、欣赏、复制、传播，但没有主体能对这些表达主张权利。

对于无人可以主张私有权利之物，我们或可称为存在公有领域中。从

---

[1] 刘鑫. 人工智能创造物知识产权保护的正当性释疑——黑格尔"财产权人格学说"下的理论征程与制度调适 [J]. 科技与法律, 2020 (6): 42.

[2] Badavas C P. Midi FIles: Copyright Protection for Computer-Generated Works [J]. William and Mary Law Review, 1994 (3): 1135-1175.

上述有关意志与人格和财产的关系来说，财产权人格学说并未为人工智能生成物可以作为作品受到著作权法保护提供理论基础。相反，人格学说的逻辑认为人工智能生成物并不反映任何人的人格与意志，可能应归为公有领域，不受私权利的保护为妥。就算要将人工智能生成物认定为作品予以保护，也无法根据该理论来为其确定合理的权利主体。然而，从实践的层面来说，将人工智能生成物归为公有领域并非易事，最大的难题就在于人工智能生成物对人类作品的模仿和表现上的雷同带来的隐患。试想两种无法进行明确区分但都满足作品的形式要件的表达成果，但一种是受保护的作品，一种是公有领域不受保护的"作品"，两者在实践中如何从客观上进行区分是采取不同制度要解决的首要问题。然而，人类作品与人工智能生成物唯一的区别只在于其生产者一为人、一为人工智能，在其本身的客观表现上，并无明显的区分标准。或者说，区分标记或登记制度可以为之，但这种制度无法阻止人们基于利益的诱惑将属于公有领域之物僭称私有。当某人在人工智能生成物上进行了公开的署名，根据著作权理论，作者身份就此推定，除非有更早的其他署名或人工智能标记的证据才能推翻此作者身份。因此，从人格学说出发将人工智能生成物划归公有领域在实践中可能会产生更多问题，人工智能生成物与人类作品的不可区分性使得这种划分毫无意义可言。这也说明了在人工智能生成物是否应以著作权进行保护这一问题的解决上，人格学说的解释已然失灵。

三、对财产权激励理论的冲击

劳动学说与人格学说是从自然主义学说角度对知识产权正当性的证成。在商品经济时代，功利主义也被用于论证知识产权的正当性，甚至对于现代知识产权制度而言，功利主义的激励理论被认为是最有力和最广泛适用的理论。[1] 美国知识产权法的立法目的充分体现了功利主义的立场，

---

[1] 冯晓青. 知识产权法哲学 [M]. 北京：中国人民公安大学出版社，2003：183.

即通过给予有期限的著作权保护，激励作品的创造与传播。

激励理论认为，知识产权制度的基础是"政治私利"而非人权理论，知识产权制度就是通过经济利益激励人们的创造热情，鼓励人们将时间和精力用于创造性的活动，并且为社会增添精神和物质两方面的财富。[①] 与财产权劳动学说相比，激励理论更着眼于社会利益的最大化，因而将其称为国家的"政治私利"之所在并不为过。通过保护知识产权而促进共享智慧最大化，是知识产权制度中的政治智慧。[②] 因此，知识产权制度中包含了均衡对价的制度安排。制度为创作者提供的激励应当是有对价的，即不能不合理地损害他人利益或公众利益，否则会导致制度结构失衡。[③] 激励以及激励的对价构建了知识产权制度的合理架构，使得著作权法得以成为以作者著作权保护为核心价值、公众公有领域制度为结构价值和国家共有领域为制度基础价值的制度集合。不同法域空间的法律主体各自支付了对价、获得了不同性质的权利。[④]

在第四次工业革命的浪潮中，人工智能技术是重要的生产力要素。在可预见的未来，人工智能将成为国家实力和国际竞争的一个关键所在。[⑤] 因此，如何在确保人工智能技术不至于触及法律底线和引发伦理道德问题的前提下，最大程度地发挥其促进生产力发展，促进社会进步的功能，就必然成为亟待解答的时代课题。[⑥] 出于立法科学性的功利考量，人工智能相关立法应当科学地设立与技术发展相适应的制度跟进，使人工智能的发

[①] 曹新明.知识产权法哲学理论反思——以重构知识产权制度为视角[J].法制与社会发展，2004（6）：63.

[②] 徐瑄.视阈融合下的知识产权诠释[J].中国社会科学，2011（5）：47.

[③] 徐瑄.知识产权对价理论的框架——知识产权法为人类共同知识活动激励机制提供激励条件[J].南京大学法律评论，2009（1）：99-100.

[④] 徐瑄.著作权对价机制诠释[J].暨南学报（哲学社会科学版），2023（2）：69-70.

[⑤] 王荣余.在"功利"与"道义"之间：中国人工智能立法的科学性探析[J].西南交通大学，2022，23（2）：42.

[⑥] 武雪健.人工智能立法的海外状况及难点分析[J].互联网经济，2019（4）：49.

展能够有益于最广大人民的根本利益。[①]

然而若要从著作权法的框架中审视人工智能生成物的保护，激励理论则存在失灵的可能性。有论者提出，人工智能研发中蕴含大量的劳动与投资，从"投资回报"的理念出发，将人工智能生成物纳入著作权的客体范围有助于激发产业投资者的积极性。[②]但人工智能生成物与著作权法的激励机制并非完全契合。在激励制度中，首要的讨论问题是激励的对象。如果说著作权的激励是针对产业投资者，那么对于人工智能生成物的激励显然构成了重复的、过度的激励[③]——技术和产业的投资激励已经由人工智能的专利权、软件著作权实现。如果说将这一激励性权利赋予人工智能的操作者，能否充分发挥权利的激励作用还有待考察。人工智能操作者无法保证人工智能输出内容的数量与质量。就目前市场上已公布的人工智能生成物而言，人工智能操作者虽然名为操作者，但其实并不能控制人工智能直接生成内容的质量和数量。操作者只需要在诸多不通顺的、无意义的生成内容中筛选出基本符合人类思维逻辑和审美的内容，其工作与"淘金者"的工作极为类似。因而有观点认为，这种"淘金"的选择是非创造性的付出，不足以获得著作权保护的激励[④]，因此不能构成著作权保护的理由[⑤]。前者造成了重复激励，后者则可能导致无效激励或者是同样不符合对价理论的过度激励。基于此，激励制度也可将权利赋予人工智能的所有

[①] 王荣余. 在"功利"与"道义"之间：中国人工智能立法的科学性探析[J]. 西南交通大学，2022，23（2）：42.

[②] 易玲，王静. 论人工智能生成内容著作权法保护[J]. 湘潭大学学报（哲学社会科学版），2019，43（6）：69-73.

[③] Perry M，Margoni T. From music tracks to Google maps：Who owns computer-generated works?[J]. Computer Law and Security Review，2010（26）：627.

[④] Perry M，Margoni T. From music tracks to Google maps：Who owns computer-generated works?[J]. Computer Law and Security Review，2010（26）：627.

[⑤] 国际保护知识产权协会. AIPPI决议[R/OL].（2019-11-13）[2023-06-17]. http://114.247.84.87/AIPPI/ztyj/jy/201911/t20191113_236228.html.

者。这一制度构想参考了公司法人制度。但也有观点认为，人工智能生成物适用法人作品的规定只会催生单纯的垄断权，一种对于"生金蛋的鸡所下的金蛋"的所有权意义上的垄断权。[①]

因而，人工智能生成物的保护对著作权法激励理论产生冲击的根源仍在于人工智能的"非人"属性。激励论虽然不强调作品的人格属性，但产权激励的对象仍然落点在"人"。若要对人工智能生成物提供著作权的保护，首要解决的问题仍在于其中"人"与"非人"因素的认定与分割。

第二节 人工智能生成物对著作权客体制度的挑战

如果说人工智能生成物对著作权理论的冲击是在基本认知层面对著作权制度的挑战，那么人工智能生成物这一客观存在的法律属性，即著作权法如何对其进行定位，则引起了著作权理论和制度的双重矛盾。通常而言，对新事物的法律保护制度的有关讨论，常以主体作为开端。本书在此先对客体问题进行讨论，原因在于著作权法保护以"作品"的概念为中心，人工智能生成物是否受著作权法保护，首先应讨论其是否符合作品的构成要件，再来确定为该作品做出独创性贡献的主体。

一、表现形式与人类创作作品相似

早在20世纪40年代，美国已经开始尝试运用计算机进行音乐创作和绘画的研究。在电脑音乐领域，1956年，美国作曲家理查伦·希勒尔与数学家伦纳德·艾萨克合作创作了被视为真正的"计算机音乐"——《伊利阿克组曲》。[②]美国加利福尼亚大学圣克鲁斯分校的音乐理论教授大卫·库

[①] 吴雨辉. 人工智能创造物著作权保护：问题、争议及其未来可能[J]. 现代出版, 2020 (6): 39.

[②] 杨守森. 人工智能与文艺创作[J]. 河南社会科学, 2011, 19 (1): 188.

柏在 20 世纪 80 年代成功设计出能模仿音乐大师作曲风格来进行作曲的名叫音乐智能试验的 EMI（experiments in musical intelligence）程序。[①] 该程序可以分解、过滤、提取历史上部分音乐大师的乐曲风格特征，据此生成新的与大师音乐风格极其相似的乐章。1997 年，库柏在费城举办了一场莫扎特 EMI 音乐会，其音乐风格以假乱真，让人难以分辨究竟是莫扎特创作而来还是由程序生成。在绘画艺术领域，加利福尼亚州大学圣迭戈分校艺术教授哈罗德·科恩研制了目前被视为真正具有创造力的艺术创作软件"Aaron"。[②] 该软件能够创作出具有独特风格的静物和人像画，已为世界各地美术馆所收藏。我国天津大学计算机科学与技术系孙济洲教授主持完成的"中国水墨画效果的计算机模拟与绘制系统"，经由对水墨画复杂的艺术特征、水墨画各组成要素的材料特性及相互作用关系的深入研究，已经创建出一整套水墨画仿真模型体系，能够用计算机模拟生成水墨画效果。浙江大学计算机图像专家提取了敦煌壁画的色彩、结构特征等，在经过模型设计后，生成各式各样的敦煌风格的图案和纹样。[③] 在文字作品领域，早在 1984 年，上海育才中学学生梁建章成功设计了诗歌程序。此程序平均不到 30 秒钟即可创作五言绝句诗一首。福建诗人林鸿程研制成功的"电脑作诗机"，创作一首难度较大的七言律诗也只需几秒钟的时间。电脑工程师刘慈欣设计的电脑诗人创作速度更是不可思议，不押韵的诗 200 行/秒，押韵的诗 150 行/秒。[④]

随着技术的进一步发展，第四次工业革命的浪潮已经来临。第一次工业革命带来的是以蒸汽机为代表的蒸汽时代；第二次是以电力技术为代表的电气化时代；第三次是以计算机技术为代表的信息化时代；第四次工

---

① 周伟业. 从虚拟实在到虚拟艺术 [C] // 美学第 3 卷（2010 年出版）. 南京师范大学美育研究中心；南京政治学院新闻系，2010：194-202.

② 有关哈罗德·科恩资料见 http://www.kurzweilcy-berart.com/aaron/hi_cohenbio.html。

③ 潘云鹤，樊锦诗. 敦煌·真实与虚拟 [M]. 杭州：浙江大学出版社，2003：231.

④ 卢昱，张海梅. 人工智能是文艺创作终结者？[N]. 大众日报，2021-08-23.

业革命则是利用信息化技术促进产业变革的时代，也就是以人工智能为代表的智能化时代。① 智能化时代也是各国产业变革的新风向和新政策，在德国是"工业4.0"，在美国是"再工业化"，在中国是"中国制造2025"。智能化是以大数据、云计算、物联网、人工智能等智能科技为基础，以现代智能制造业为主体引领的全新智能化时代。人工智能技术的发展对生活的各个领域产生了巨大的影响，也带来了剧烈的产业变革。在文学艺术领域，人工智能对于文学创作的影响正在越来越强，人工智能已经能模仿人类创作出具有一定审美价值的文学艺术作品，如AI音乐、AI创作的水墨画、AI生成的敦煌风格的纹饰、AI所作的诗和小说、AI生成的新闻稿等等。

从表象上来看，人工智能生成物在表现形式上越来越趋近于人类创作的作品，当然这也本就是人工智能的技术发展趋势。人工智能技术的发展致力于模仿人类的思维、行为、活动及其产生的成果，随着这一技术在文学艺术创作领域的应用和深入，人们越来越发现，人工智能生成物与传统意义上的"作品"在客观表现和读者审美上来说毫无二致。随之而来的问题则在于，如前所述，人工智能生成物作为作品受到保护对著作权法传统理论带来了一定的冲击和挑战。将人工智能生成物直接认定为著作权法上的作品还需要在传统理论的基础上进行进一步的论证和自洽，然而人工智能生成物已经在客观上与人类创作的作品难以区分，这就使得人工智能生成物的定性问题显得刻不容缓。

二、对"独创性"判断的挑战

人工智能生成物是否可以认定为著作权法意义上的作品，学界的观点分为肯定说与否定说两类。肯定论者认为，基于"额头出汗"原则建

---

① 刘笑迪. 李克强为什么要提工业4.0［EB/OL］.（2014-10-11）［2023-06-17］. http://www.gov.cn/xinwen/2014-10/11/content_2763019.htm.

立起的独创性的客观判断标准，人工智能生成物可以被认为是具有独创性的。[1] 从目前人工智能生成的音乐、文字、图像以及发展趋势来看，这些人工智能生成物属于著作权法规定的文学艺术科学领域，具有独创性，并且具有可感知性和可复制性[2]，符合著作权法的客体构成要件。否定论者主要从独创性和作者主体问题的角度来否定人工智能生成物的可版权性。[3] 此外，也有观点提出人工智能生成物在表现形式符合作品构成的前提下，还要考察其产生过程和是否符合作者个性方面考量生成物是否构成作品。[4]

独创性的认定是判断人工智能生成物是否构成作品最重要的构成要件，只有具有独创性的外在表达方能成为著作权法意义上的作品。[5] 否定论者认为，独创性是作者精神与意识的产物，有别于"严格根据算法、规则和模板实施的行为"[6]，缺乏精神和意识的人工智能基于策略生成的内容不可能被认可为作品。即使随机算法生成的人工智能生成物客观上充满"个性"，也会因其仅能在预设的空间内变化，而无法满足构成作品的最低程度创作要求，因而不能认定为作品。[7] 换言之，人工智能归根结底是

---

[1] 易继明. 人工智能创作物是作品吗[J]. 法律科学（西北政法大学学报），2017（5）：139.

[2] 易继明. 人工智能创作物是作品吗[J]. 法律科学（西北政法大学学报），2017（5）：139.

[3] 王果. 论计算机"创作作品"的著作权保护[J]. 云南大学学报（法学版），2016（1）：20.

[4] 王迁. 论人工智能生成的内容在著作权法中的定性[J]. 法律科学（西北政法大学学报），2017（5）：148.

[5] 王迁. 知识产权法教程[M]. 2版. 北京：中国人民大学出版社，2019：27.

[6] 梁志文. 论人工智能创造物的法律保护[J]. 法律科学（西北政法大学学报），2017，35（5）：156-165.

[7] 陈虎. 论人工智能生成内容的可版权性——以我国著作权法语境中的独创性为中心进行考察[J]. 情报杂志，2020，39（5）：149-153，128.

计算机算法程序，由算法逻辑对人类表达要素排列组合而形成的结果是有限的、可穷尽的、缺乏人类创造力的。肯定论者则认为，著作权法对独创性并无明确的判断标准，而且为了促进文化创作和传播的繁荣，独创性也不应该是一个非常高的标准。在此基础上，独立型人工智能生成物能否拥有版权的关键在于其能否为公众提供与人类作品相同的利益。[①] 由此可以看出，肯定论者也并非觉得所有人工智能生成物都具有独创性，该观点提到的"独立型人工智能生成物"应当是指本书在前文中定义的人工智能生成作品。

由于人工智能生成物的生成方式不同，因而在独创性判断上应当有所区分。基于前文的人工智能生成物的分类，在人工智能创作物方面，人工智能衍生作品是自然人对人工智能智慧成果的再次创作，对其独创性认定问题上理应没有争议。而人工智能翻译作品是基于人工智能生成作品，其独创性认定问题应当结合人工智能生成作品。在原始人工智能生成物方面，人工智能运算结果与人工智能生成废物无法达到最低程度的创作，而无法具有独创性也没有争议；人工智能生成成果虽可能具有独创性，但其无法构成独立的作品，需要自然人进一步加工成人工智能衍生作品，其独创性的认定并不必要；人工智能生成作品本身具有完整性，因而学者对独创性认定的分歧主要在此。

从创作主体来看，否定论者一般主张自然人创作是构成作品的前提和基础，人工智能并非自然人，故人工智能生成物不能被认定为作品。[②] 对此肯定论者则认为，不宜将自然人和作品必然地联系起来，著作权主体范围扩大是随着经济发展的必然趋势，单纯以自然人的作者身份否定人工智

[①] Miller A R. Copyright Protection for Computer Programs, Databases, and Computer-Generated Works: Is Anything New Since CONTU? [J]. Harvard Law Review, 1993 (977).

[②] 邱润根，曹宇卿. 论人工智能"创作"物的版权保护 [J]. 南昌大学学报（人文社会科学版），2019（2）：40.

能生成物的作品认定是人类自身的优越感使然而非法律逻辑思维。[①] 实则，若以人工智能仍为单纯的工具，人工智能生成物则仍然是人的创作物[②]，只是中间借助了人工智能这一自动化的工具作为媒介。先不提这一观点在对人工智能认识上的局限性，这种纯粹工具论的逻辑结果必然是，人工智能的使用者来对其利用人工智能生成的作品享有权利，这种利益分配方式似乎过于简单粗暴，忽略了人工智能生成所需的数据基础和机器学习基础。

对创作主体进行延伸，就会涉及创作者的创作意图和创作过程。人类创作的过程首先有了创作意图，然后再通过一定的行为将其创作意图和构思固定下来，成为一定的可复制的形式，从而能够被认定为作品。创作意图往往被认为是人的创作思维活动，而作品则是创作思维经过一系列创作过程的具象化。"作者—创作—作品"的联系是紧密不可分的，著作权法上的"思想—表达"二分法也昭示着作品是作者思想的外化，作品承载着作者的个性思维，是作者的个性的表达。就创作价值而言，作品的客观存在是创作价值的最直接体现，但创作价值的真正所在是作品中的个性化表达。当问题涉及人工智能，分歧也就此产生：人工智能是否有自己的思维模式和创作意图？人工智能的技术发展方向正是模拟人类的思维方式，随着技术的进步，人工智能的思维模式和功能将越来越接近人脑。[③] 从创作过程来讲，人工智能的工作过程实际上模拟了人类思考和学习的过程，但在著作权法的框架中，人工智能通过机械运算生成一定内容的过程并不被认可为与人类的创作过程相当。"人类中心主义"者认为，人工智能即便拥有了自主意识，其意识也不与人类意识相同。正如动物也具有一定程度的自主意识，但其仍无法拥有与人同等地位的法律主体资格。从著作权法

[①] 袁真富. 人工智能作品的版权归属问题研究［J］. 科技与出版，2018（7）.

[②] 李扬. 康德哲学视点下人工智能生成物的著作权问题探讨［J］. 法学杂志，2018（9）：50.

[③] 易继明. 人工智能创作物是作品吗［J］. 法律科学（西北政法大学学报），2017（5）：139.

的框架来说，人工智能的创作过程并不符合著作权理论的"人类中心主义"，其内容生成并不受自身独立思想的指导，不具有生成作品的内在自主需求，也无法理解生成过程背后的含义。[①]个性化表达是基于自然人的自然思想和认知所产生，人工智能无法完全模拟人的创作价值。[②]人工智能生成物是算法、规则和模板的应用结果，具有高度的同质性，这就意味着人工智能生成物的创作空间有限，无法体现创作者的个性。[③]因此，否定论者认为，就现阶段的技术发展阶段而言，人工智能生成的过程由人类来启动，并且设定生成类型和形式，所以人工智能生成物的创作意图仍以操作人工智能的人来体现。

上述在创作主体、创作意图等层面上产生的分歧，实则与独创性的判断标准有关。肯定论者大多倾向于从偏客观或纯粹客观的标准来判断独创性。有学者指出，独创性中的"人"的要素这一理解归根结底是权利归属的问题，与作品是否具有创造性而享有著作权是不同的两个问题。将"人"的创作作为"独创性"的内涵，是混淆了权利客体的属性与权利归属在法律技术上的区别，破坏了法律的基本逻辑。[④]因此，有学者总结独创性的判断应当是偏向客观的，在考察表达形式是否与现存作品有所区别的基础上，并在符号意义上能够解读出具有"最低限度的创造性"[⑤]即可认为是具有独创性。这一标准是客观形式主义和"读者中心主义"的结合。

[①] 杨利华. 人工智能生成物著作权问题探究[J]. 现代法学，2021，43（4）：106.

[②] 孙阳. 著作权范式下的人工智能生成物权属构建[J]. 电子知识产权，2021（12）：69.

[③] 王迁. 论人工智能生成的内容在著作权法中的定性[J]. 法律科学（西北政法大学学报），2017（5）：150-151.

[④] 乔丽春. "独立创作"作为"独创性"内涵的证伪[J]. 知识产权，2011（7）：35-38.

[⑤] 易继明. 人工智能创作物是作品吗[J]. 法律科学（西北政法大学学报），2017（5）：139.

第三节　人工智能生成物对著作权主体制度的挑战

人工智能之"智"与自然人之"智"在法律制度中具有何种地位，两者是否具有相同的含义和法律地位，是人工智能立法面临的首要问题。人工智能技术在各行业中的应用必然产生新的利益、义务与责任，那么利益主体、义务主体和责任主体是人工智能相关立法中无法避开的一环。不论人们对人工智能的活动是否具有独创性这一问题持何种立场，无人可以反驳人工智能生成物在客观的表现形式上与人类创作作品无法区分。因此，其在著作权法上的权责归属就值得商榷了。

一、人工智能法律主体地位之争

"机器人是否能够成为法律主体"这一问题并不仅仅是对著作权法理论的冲击，也不仅仅是民法上或刑法上的课题，而是已经上升到法理学层面的问题。人工智能所可能拥有的"认识能力"和"控制能力"，即人工智能所可能涌现的自主性和主体性问题会通过挑战现有权利体系对主体性哲学基础构成威胁，从而最终威胁到"人"本身这一权利的道义论根基。[①]是否可以赋予人工智能主体或拟制主体地位，将是对人工智能进行新型立法的逻辑基础，法律主体的确定是权利义务分配内容的制度基石。学界对于人工智能的主体地位进行了是与非的论证。人工智能主体地位的肯定与否定之说的讨论，总体而言集中在两个主要角度上：一是其事实可能性，二是其规范可能性。事实可能性是从客观实践的角度论证人工智能本身能否成为法律上的主体，要求法律主体必须具备意志能力，这是法律赋予其法律主体资格的不充分的逻辑前提[②]，这一论证一般是从人

---

① 王荣余. 在"功利"与"道义"之间：中国人工智能立法的科学性探析[J]. 西南交通大学学报（社会科学版），2022，23（2）：41.

② 王荣余. 在"功利"与"道义"之间：中国人工智能立法的科学性探析[J]. 西南交通大学学报（社会科学版），2022，23（2）：41.

工智能与"自然人"之区别入手,包括意志能力、行为能力、自主能力等。规范可能性则是指通过类似"法人"制度那样的立法技术,使其成为法律主体的可能性讨论,这是法律规范制定层面的问题,最终取决于法理和立法技术层面的考量。

(一)人工智能主体的事实可能性之争

否定论者大多首先从事实可能性为论证起点来否定人工智能的主体资格。人工智能的类人性是其主体可能性的基础。人之所以具有法律主体资格,是因为人具备独立完整的意志。但人工智能在本质上是一种新技术的应用而产生的新型工具,研究和开发建立在人类决策的基础之上,因此其造成的风险也依赖人类的决策,故人工智能本质属性是人类的辅助工具。[1]与生物上的人相比,人工智能是软件与硬件的功能性结合,没有真实存在的生命器官和独立意识。并且,人工智能与人类之间虽然存在人机交互,但人工智能之间不依赖于群体交往,每一人工智能都具有内部自洽、独立运行的完整体系,更不会通过与人类的交往获得"社会属性"。[2]这种明显的工具属性使得人工智能缺乏被法律独立尊重的理由,无法成为类似生物人那样真正的法律主体。[3]

肯定论者则认为人工智能有独立自主的行为能力,有资格享有法律权利并承担责任义务,因此应当具有法律人格。[4]人工智能的普及完全可能使得智能机器人在人类社会生活中的地位从普通工具上升至法律主体的高度,因此未来人类社会的法律制度需要针对人工智能技术的发展做出相应

---

[1] 时方.人工智能刑事主体地位之否定[J].法律科学(西北政法大学学报),2018,36(6):67-75.

[2] 杨利华.人工智能生成物著作权问题探究[J].现代法学,2021,43(4):106.

[3] 马驰.谁可以成为法律主体[J].甘肃社会科学,2022(4):129.

[4] 袁曾.人工智能有限法律人格审视[J].东方法学,2017(5):50-57.

的调整。[1] 现行法律体系将被机器人的社会化应用所改变，法律体系的改变起点就在于对智能机器人权利的承认，而机器人权利主体地位的取得则是符合历史规律的。[2] 也有学者从分类的角度出发，认为现阶段的弱人工智能确实具有明显的工具属性，但未来将出现的强人工智能能够进行思考、计划、解决问题、抽象思维、理解复杂理念、快速学习、从经验中学习等操作的特点，使其具备成为拟制人的潜质。[3] 强人工智能机器人之类人意识、行为能力、权利能力、义务能力与责任能力的存在决定了其必然具有独立的法律主体地位。[4] 强人工智能机器人具有模拟生理神经元结构与身体结构的独立物质载体，可以借此载体进行独立行为，与周围情景环境进行交互[5]；并可以通过深度学习技术，获得辨认能力和控制能力，产生自我意识和行为能力[6]。

强人工智能体是否具有"自由意志"是肯定论者与否定论者的争议焦点之一。否定论者认为，没有自由意志的人工智能无法自己发动生成符号的过程[7]，作为从属于人类的工具，即便某些对社会造成影响的状态是由人工智能在自主决定的情况下引发的，刑事责任的承担主体也应当是相关

---

[1] 刘宪权. 人工智能时代的刑事风险与刑法应对[J]. 法商研究，2018，35（1）：3-11.

[2] 张玉洁. 论人工智能时代的机器人权利及其风险规制[J]. 东方法学，2017（6）：56-66.

[3] 徐家力. 人工智能生成物的著作权归属[J]. 暨南学报（哲学社会科学版），2023（4）：39.

[4] 张新平，章峥. 强人工智能机器人的主体地位及其法律治理[J]. 中国科技论坛，2022（1）：161.

[5] 张新平，章峥. 强人工智能机器人的主体地位及其法律治理[J]. 中国科技论坛，2022（1）：161.

[6] 刘宪权，胡荷佳. 论人工智能时代智能机器人的刑事责任能力[J]. 法学，2018（1）：40-47.

[7] 李琛. 论人工智能的法学分析方法——以著作权为例[J]. 知识产权，2019（7）：14-22.

自然人或者单位。①人工智能的学习、创作行为应当被认定是无意识的机械行为，不具有设定权利主体资格的抽象人格条件。②肯定论者则认为，高度拟人的智能机器人具有"认识上的理性和在实践中的自主行为能力"，未来的强人工智能机器人可能会超出设计和编程的程序范围，在自主意识和意志的支配下实施行为。③此外，还有"心理要素说"认为人工智能具有"智能"这一心理要素，因此能够承担法律责任。④对此，否定论者认为，自由意志是自然人特有的禀赋，人工智能即使能够学习、推理，也无法像人类一样利用直觉、情感来处理问题。⑤因此，不论人工智能之行为如何接近人类的行为，都不应当认为其具备人类意识。⑥这一结论不仅适用于现阶段的弱人工智能，未来人工智能也并不能发展至具备人类意识的阶段，只能继续作为人类的辅助工具而存在。⑦若为机器人赋予与自然人同等的法律地位，这将在体系上对现行私法原理造成颠覆。人工智能的自主意志的体现目前还未有定论，就目前的阶段而言，人类也很难理解机器的意志的本质和体现，因此在涉及权责承担中有关主观意志的认定时就会产生一系列的难题。但至少可以肯定的是，尚处于弱人工智能阶段的智能机器人还不具备独立的意识，难以成为超越人类的存在，在现有民事

---

① 叶良芳，马路瑶．风险社会视阈下人工智能犯罪的刑法应对［J］．浙江学刊，2018（6）：65-72．

② 徐小奔．人工智能"创作"的人格要素［J］．求索，2019（6）：95-102．

③ 刘宪权．对强智能机器人刑事责任主体地位否定说的回应［J］．法学评论，2019（5）：114．

④ August R S. Turning the Computer into a Criminal［J］．Barrister，1983：4．

⑤ 曹新明，咸晨旭．人工智能作为知识产权主体的伦理探讨［J］．西北大学学报（哲学社会科学版），2020（1）：101．

⑥ 翟振明，彭晓芸．"强人工智能"将如何改变世界——人工智能的技术飞跃与应用伦理前瞻［J］．人民论坛·学术前沿，2016（7）：22-33．

⑦ 曹新明，咸晨旭．人工智能作为知识产权主体的伦理探讨［J］．西北大学学报（哲学社会科学版），2020（1）：101．

主体理论框架下，其不可能天然地获得法律主体资格，除非通过立法为其拟制法律人格。[①]

综上而言，目前学界关于人工智能主体地位之争主要围绕"人工智能是否为单纯的辅助工具"和"权利主体的要素"来展开。纯粹的肯定论者以刘宪权教授为主，认为人工智能在将来终究摆脱"工具"的身份，拥有法律主体资格。[②] 大多数学者都持否定说，认为人工智能作为纯粹的工具，无法具备人类的自由意志和意识，也无法得到法律的独立尊重。

（二）人工智能主体的规范可能性之争

与前文中纯粹的肯定论者相比，另有"肯定论者"认为人工智能至少可以通过法律的拟制来具备法律主体资格。这一立法处理的设想与一部分否定论者殊途同归。从客观事实上而言，人工智能目前或将长期处于工具地位。从"人是目的"这一哲学角度出发，人工智能也必须明确其作为"物"的属性。[③] 因此，如果赋予人工智能权利主体的地位，就会与人类伦理相冲突，并且有违法理。[④] 在此基础上，支持为人工智能拟制主体的学者认为，机器人即使不是人，但因与社会利益分配与激励密切相关，必要时也可能成为拟制主体。

上述两种对人工智能的独立"人格"持不同看法的学者，虽然殊途同归，但二者对拟制主体的认知和援引该制度的目的是不同的：肯定论者认为人工智能应当具备法律主体资格，但由于法律伦理的限制，人工智能这一"非人"要想获得法律主体资格，只能借助已有先例——法人的法律拟制主体

[①] 陈凡，程海东.人工智能的马克思主义审视［J］.思想理论教育，2017（11）：17-22.

[②] 刘宪权，胡荷佳.论人工智能时代智能机器人的刑事责任能力［J］.法学，2018：40-47.

[③] 徐家力.人工智能生成物的著作权归属［J］.暨南学报（哲学社会科学版），2023（4）：39.

[④] 陶乾.论著作权法对人工智能生成成果的保护——作为邻接权的数据处理者权之证立［J］.法学，2018（4）：3-15.

制度；而否定论者则认为，即便是法律上的拟制主体，其权利、义务与责任承担最终仍是生物意义上的人，公司法人的责任最终保证和承担者也是生物意义上有血有肉的自然人[①]。拟制人的所有决策都是由自然人做出的，所有行为都是由自然人执行的。[②]因此，否定论者为人工智能拟制法律主体的基础仍是只有自然人才具有真正的主体地位，肯定论者认可拟制主体的观点实则是向现有法律制度伦理的妥协。

当然，也不乏观点认为，即便是未来能够独立思考、计划、解决问题，拥有抽象思维、快速学习、从经验中学习改善操作等能力的强人工智能，其作为一种更加高级的受到人类指挥的程序，也不足以成为"拟制人"，因为其不具有组织所具备的庞大的体量、相应的责任，也不具有"营养和感觉的能力""自由自觉地劳动"等人类的特质。[③]

有学者进一步指出，人工智能是否具备拟制主体资格还需对拟制主体的规范目的进行还原。[④]拟制主体的确立有两个前提：其一是必要性。社会经济形势需要拟制主体能够拥有独立于自然人的可支配财产，并以此作为权责承担的能力基础。从法学构造的层次看，"能不能"属于法技术问题，不应与主体资格的确立"该不该"这一法价值问题相混淆。[⑤]其二是可能性，即能够通过意思机关使拟制主体具备意志。基础性事实的存在是法律拟制的前提条件，如将单位拟制为刑事主体的基础性事实在于单位成员的自然

---

① 王荣余. 在"功利"与"道义"之间：中国人工智能立法的科学性探析［J］. 西南交通大学学报（社会科学版），2022，23（2）：37.

② 陈伟超. 拟制人于自然人的冲突［EB/OL］.（2022-04-09）［2023-6-17］. http://article.chinalawinfo.com/ArticleHtml/Article_34290.shtml.

③ 徐家力. 人工智能生成物的著作权归属［J］. 暨南学报（哲学社会科学版），2023（4）：39.

④ 李琛. 论人工智能的法学分析方法——以著作权为例［J］. 知识产权，2019（7）：14-22.

⑤ 孙笛. 人工智能体刑事主体资格否定论［J］. 政法论丛，2022（3）：44.

人犯罪①，将法人拟制为民事主体的基础性事实在于法人组织成员的经营行为，其双重自我意识也是通过意思机关实现的。②换言之，人工智能是否具有被赋予主体资格的可行性，应当由人工智能的产业发展程度是否使得人工智能具有被拟制的基础性事实。

  当着眼于人工智能拟制主体的规范性问题时，我们姑且可以简单地将其理解为人工智能拟制主体是否符合经济和技术发展的要求，拟制主体是否为利益分配和社会稳定比未拟制主体带来更大益处，人工智能产业是否具有拟制主体的客观基础。法律制度的构建不可避免地要考虑规范的伦理性和功利性。法律主体的范围并非一成不变的，是随着社会的发展而变化的。奴隶社会中生物人并不一定是主体，现代社会中也并非只有生物人才能成为主体。因此，有学者认为，人工智能革命也可尝试在法理学上纳入法律位格的拟制传统，通过"位格加等"将机器人提升到自然人的法律位格。③人工智能有无必要成为法律主体取决于社会生活的需要，而非囿于传统的法律主体判定规则。④对此，学界的观点又有分歧，有观点认为目前人工智能已逐渐造成越来越多的责任风险，给传统法律责任理论带来困境，因此应当承认人工智能的主体地位来解决各种社会生活场景中产生的各类道德问题和法律问题。⑤也有观点指出，人工智能无法脱离其工具性的本质，强人工智能是肯定论者基于论证创造的伪概念，在当前的法律体系完全可以妥善处理涉人工智能的纠纷⑥，且人工智能主体化的设想不仅

---

① 孙笛. 人工智能体刑事主体资格否定论［J］. 政法论丛，2022（3）：43.
② 李琛. 论人工智能的法学分析方法——以著作权为例［J］. 知识产权，2019（7）：14-22.
③ 张绍欣. 法律位格、法律主体与人工智能的法律地位［J］. 现代法学，2019，41（4）：53-64.
④ 郑文革. 人工智能法律主体建构的责任路径［J］. 中国应用法学，2022（5）：223.
⑤ 郑文革. 人工智能法律主体建构的责任路径［J］. 中国应用法学，2022（5）：224.
⑥ 王杰，任静. 人工智能刑事主体资格之否定［J］. 河南科技大学学报（社会科学版），2023，41（2）：75-82.

无法为人工智能产业发展减轻法律风险，更为利用人工智能进行著作权侵权留有更多的可能，最终扰乱著作权体系的稳定[①]。

另有中间派学者提出应当将人工智能立为新的特殊主体，配套设置新的权利、责任承担制度。例如，有学者认为由于人工智能本质上还具有客体的属性，应当依法享有限制性的民事权利能力，其因创作、劳动等民事活动而享有的财产权由其所有者代为享有，所有权人也有权决定将该机器人的财产予以处分。这一权利分配的思路实则是类似前述有关孳息理论的借鉴，即"物生物"的原理。针对可能引起的侵权责任可建立强制保险制度，所有权人享有的财产权在机器人侵权情况下，宜认定自动成为特定机器人的责任财产，保险责任财产先于获利予以赔付，机器人侵权责任财产予以一次赔付后所有权人有权进行第二次投保。若被拒保，则该机器人不能再介入民事活动；所有权人让未续保智能机器人擅自进入民事活动的，所有权人应以自身的财产对智能机器人产生的一切民事后果承担连带赔偿责任。[②] 也有学者立足于商事活动，认为应当承认商用人工智能的主体和客体的双重属性，登记后的商用人工智能原则上是法律主体，能够独立承担责任，设计者、开发者和生产者可以作为类似于股东的"所有者"承担有限责任，而在特定情况下，商用人工智能具有类似营业资产的财产属性，可以作为法律上的客体被转让或出租。[③] 此外，人工智能的主体性不应包含伦理成分，有关人身性质的主体性不可赋予强人工智能，人工智能的法律主体建构应该立足于财产责任的承担，其法律责任也不应具有独立性和完整性。[④]

---

① 郭家利. 元宇宙背景下人工智能著作权法律主体资格问题研究［J］. 上海法学研究，2022，11.

② 石冠彬. 论智能机器人创作物的著作权保护——以智能机器人的主体资格为视角［J］. 东方法学，2018，63（3）：140–148.

③ 丁凤玲.《民法典》时代商用人工智能法律地位的商法构设［J］. 南京大学学报（哲学·人文科学·社会科学），2022，59（3）：45–52，158.

④ 郑文革. 人工智能法律主体建构的责任路径［J］. 中国应用法学，2022（5）：224.

总而言之，对于人工智能是否应当赋予主体地位这一问题，主要的争议点在于这四点：其一，客观上人工智能是否具备法律主体要素；其二，赋予人工智能主体地位是否会导致伦理漏洞和人文主义危机；其三，赋予人工智能主体地位是否具有社会价值和经济价值[①]；其四，是法技术问题，即赋予人工智能法律主体地位能否应对现有及将来可能出现的法律挑战。对这些问题，目前学界各执一词，仍在设想和探索之中。

二、人工智能生成物的权利主体之议

如前所述，人工智能主体地位之争不仅仅发生在知识产权乃至民法领域，刑法乃至法理学、哲学范畴对这一问题也颇有关注。而对于人工智能生成物的权利归属及其权利主体之议，本书仅在知识产权甚至在更窄的著作权领域中展开讨论和思考，原因在于有关人工智能主体地位的争论不仅仅关注人工智能与自然人的关系，也在讨论人工智能本身作为其生成物的权利主体的可能性。在知识产权法域中，人工智能能否成为法律主体与人工智能生成物的权利主体息息相关。若人工智能能够拥有法律主体资格，那么它就基本具有成为知识产权法上权利主体的基本条件。此时，人工智能能否作为其生成物的权利主体，就需要在前述论题的基础上对知识产权法进一步论证。

在著作权法中讨论人工智能生成物的权利主体，"作者"是一个绕不开的概念。与前述的"法律主体资格"的概念相比，要成为"作者"不仅仅要满足法理上"法律主体资格"的要素，还要满足著作权法上"作者"的要素。有学者认为，赋予人工智能民事主体地位没有技术障碍，可以将人工智能拟制为特殊的法律主体。[②] 甚至认为，人工智能具有独立自主的

---

① 丁凤玲.《民法典》时代商用人工智能法律地位的商法构设[J]. 南京大学学报（哲学·人文科学·社会科学），2022，59（3）：45-52，158.

② 陈吉栋. 论机器人的法律人格——基于法释义学的讨论[J]. 上海大学学报（社会科学版），2018，35（3）：78-89.

行为能力，有资格享有法律权利并承担责任义务，人工智能应当具有法律人格。① 若以此观点为基础，则人工智能生成内容的过程是独立自主的，是在没有人为干预的情况下独立思考并完成的，且生成的内容具有独创性，客观上符合著作权法对作品的界定。因此，有学者认为，将人工智能拟制为法律关系的主体，无须法律制度做根本性的突破。② 对于机器是否应该拥有法律人格，可以借鉴法人获得独立法律人格的先例。法人可以拥有法律人格，人工智能为何不能？③ 当然这一观点实则并不与前述"人工智能具有意志自由"等的人工智能的类人论立场相同。在著作权法的框架中，即便认同人工智能能够成为法律主体的学者，也处于拟制主体的立场上，即最终的权利和责任承担主体仍归于生物意义上的人。这种学说认为，将人工智能生成物的著作权保护规则类比法人作品制度，可以解决人工智能创作带来的一系列问题，能够使得这一新兴技术现象与原有的法律理论和制度框架相融合。

与上述主体肯定说相比，更多知识产权学者持否定说。囿于著作权制度中有关作品的人格属性与作者身份的"自然人"要素等理论，人工智能并不被认可为著作权法意义上的创作者，无论其在其他法域是否可能被认可主体资格。从本身的特性上来讲，人工智能不具有意识因素，因此不具备"人格"与"理性"，因而在人格学说和激励理论下，人工智能作为知识产权主体的可能性被否定。④ 任何不以存在意识的材料为基质的人工智能，除非有足够理由认定其存在意识，否则不论其行为如何接近人类的行

---

① 袁曾. 人工智能有限法律人格审视［J］. 东方法学，2017（5）：50-57.

② 梁志文. 论人工智能创造物的法律保护［J］. 法律科学（西北政法大学学报），2017，35（5）：162.

③ Davies C R. An Evolutionary step in Intellectual Property Rights-Artificial Intelligence and Intellectual Property［J］. Computer Law and Security Review，2011（27）：617.

④ 曹新明，咸晨旭. 人工智能作为知识产权主体的伦理探讨［J］. 西北大学学报（哲学社会科学版），2020（1）：103.

为，都不应认为该系统具备人类意识。[1]因此，人工智能仍然是人创作的工具，不能脱离客体的范畴，如无例外情形，利用人工智能进行创作的自然人就是该作品的作者，享有著作权。[2]如此就诞生了以下的一系列逻辑：在没有人类参与的情形下生成的人工智能生成物，由于不具有人类的智力贡献与投入，人工智能不具有权利主体地位，不符合著作权法对作者的要求，因而不受著作权法保护。只有经人机深层互动协作后生成的、人类贡献度较高的人工智能生成物，应受著作权法保护[3]，且其作者是为该生成物贡献智力劳动的人。这一逻辑粗暴地将人工智能定格在"工具"的位置上，是典型的"人类中心主义"论者。该学说的优势在于，能够在现有的法律框架中简单地对人工智能生成物进行定性，并解决相关的问题，只要将人工智能纯粹工具化，就可以使得人工智能技术对著作权法体系的冲击减到最小，由此只剩下制度安排的问题。依上述观点，只有当有人的参与时，人工智能生成物才能成为作品，因此大多学者主张，将人工智能生成物的著作权归属于人工智能的使用者或利益相关的投资者。

第四节　人工智能生成物对著作权内容制度的挑战

《中华人民共和国著作权法》（以下简称《著作权法》）规定，著作权分为人身权和财产权，包括发表权、署名权、修改权、保护作品完整权、复制权、发行权、出租权、展览权、表演权、放映权、广播权、信息网络

---

[1] 翟振明，彭晓芸. "强人工智能"将如何改变世界——人工智能的技术飞跃与应用伦理前瞻[J]. 人民论坛·学术前沿，2016（7）：22-33.

[2] 曹新明，咸晨旭. 人工智能作为知识产权主体的伦理探讨[J]. 西北大学学报（哲学社会科学版），2020（1）：103.

[3] 李国泉，何刚，倪晶旌. 人工智能生成物在著作权法中的梯次定性[J]. 上海法学研究，2023，6：205.

传播权、摄制权、改编权、翻译权、汇编权等应当由著作权人享有的其他权利。人工智能生成物从客观形式上无法与人类创作作品相区分，对其在著作权法上定性并进行利益分配势在必行。在人工智能生成物相关的利益问题上，除了利益归属以外，另一个重要问题就是利用和保护。人工智能生成物的形式多种多样，可以运用在各种场合、多个行业，甚至可能催生出新的行业形态和商业模式，这就导致在人工智能生成物再利用和保护上很可能无法完全套用现有的法律制度，在新的商业模式下又会诞生新的利益冲突。人工智能生成物的再利用涉及其市场利益的再分配和衍生行业的再规范，而其利益的保护范围大小更关系到行业的良性竞争状况和产业的进一步发展能否得到持续的激励。因此，人工智能生成物引发的诸多利益关系需要法律来进行制度化的安排，以回应新技术在各行各业的应用带来的新形势。

一、人工智能生成物的权利安排之争

在著作权框架中对人工智能生成物的保护进行讨论，不可避免地会由于本书前述的主体问题、独创性问题等，与现有的著作权制度框架产生冲突。作品的独创性来源决定了权利的归属，若人工智能生成物被认可为具有独创性，那么其权利应当归属于人工智能本身或是其他相关自然人或组织。不同的权利归属必然导致权利内容和期限的差异。如果著作权归属于人工智能本身，其主体地位也会是非人主体，同法人一样不能享有人身权利，或者相关人身权利安排其他有相关利益的人享有。有学者提出为经过著作权特殊登记的人工智能创作物赋予新型著作权，借鉴计算机软件著作权保护和免费缴纳保护模式；并以智力成果权定义未经登记的人工智能创作物，受反不正当竞争法保护；人工智能所有人对人工智能具有拟定的监护权，有权获得合理的投资报酬。[①] 这一制度设计在现有的制度基础上

---

① 左荣昌. 人工智能创作物法律保护的证成和设计［J］. 重庆交通大学学报（社会科学版），2021，21（5）：15-23.

做出了修改和创新，但其问题在于无法解决人工智能生成物与人类创作作品的区分问题。当人工智能生成物与人类作品的保护限度并不相同时，尤其是当前普遍认为人工智能生成物的保护应当弱于或等同于人类作品的保护，人们无法解决人工智能生成物的僭称问题，即人类将人工智能生成物宣称为自己创作。僭称现象会导致何种法律后果要在具体的法律框架中再实际讨论，但其最直接的影响就是上述对人工智能生成物保护的各种制度设计将会形同虚设，成为一纸空文。并且，这一制度构想也并未解决人工智能生成物与人类作品的理论区分问题。从目前的技术实践来看，人工智能的运用多种多样，若要赋予人工智能主体地位，那么就要解决如何区分人类利用人工智能进行的创作和人工智能具有自主创造性进行的创作的问题。

2016年，欧盟委员会法律事务委员会提交了一项动议，要求欧盟委员会把自动化机器的"工人"身份定位为"电子人"，并赋予他们依法享有著作权、劳动权等特定的权利与义务，并且为其开设涵盖法律责任的资金账户。[①] 由此产生的学说被称为虚拟法律人格说。美国学者蒂莫西·巴特尔提出，可以为人工智能拟制一个法律人格，使其对生成物享有知识产权，至于其后续的权利分配可由法官自由裁量决定。[②] 我国也有学者提出了电子人的制度设想，赋予其姓名权、肖像权等标表型人格权，并对其创作内容拥有著作权，享有数据共享权、网络接入权等数据网络权力。[③] 虚拟法律人格说的提出依据在于，人工智能生成物的创造性很难找出其对应的生物意义上的贡献者。人工智能的设计者虽然是智能算法的设计者与其智能的学习训练者，但对人工智能生成的内容并没有更为具体的创作预期和控

[①] 胡裕岭. 欧盟率先提出人工智能立法动议[J]. 检察风云，2016（18）：54-55.

[②] 朱梦云. 人工智能生成物的著作权归属制度设计[J]. 山东大学学报（哲学社会科学版），2019（1）:118-126.

[③] 郭少飞. 人工智能"电子人"权利能力的法构造[J]. 甘肃社会科学，2019（4）：108-116.

制因素。人工智能使用者虽然为人工智能生成的内容提供了预期方向的具体限定,但对人工智能生成物的客观表达仅有筛选和组合的贡献。在现阶段技术水平下尚且如此,随着技术的发展,人类在人工智能活动中的贡献会逐步减弱,未来可能将越来越无法定义谁是人工智能生成物真正的创造性贡献者。因此,当无法找到与之发生对应关系的个人及其私权,从而要想为人工智能生成物的知识产权保护立法,在必须确立法律上的个人对应物时,电子人概念的意义就显得非常重要。① 不过其中的难点在于,现阶段人工智能相关的利益主体并未形成紧密的利益团体,缺乏借鉴法人制度的统一利益主体基础。

在认可人工智能生成物的独创性、否认人工智能法律主体地位的观点基础上,对人工智能生成物的保护模式建议又各有不同。有学者主张在现有的著作权框架中对人工智能生成物进行保护。这一保护模式建立在纯粹工具论的基础上,认为无论是弱人工智能还是将来可能出现的强人工智能,都是听从人类指令进行一定活动的工具,其行为体现的也是人类的意志,因此在现有的体系框架下,将人工智能作为一种辅助工具能够维系著作权体系的稳定。② 基于这一认知,人工智能在活动中执行的是使用者的意志,使用者与生成内容之间的联系更加紧密③,因而人工智能生成物的相关权利应当归属于人工智能的使用者。或者在现有著作权制度中,依据"投资取得"著作权的原则,人工智能机器人的投资者、设计者或所有者也可以作为人工智能生成物的权利主体。但其缺陷在于,投资者或设计者已经通过制作人工智能算法本身获得了软件的著作权保护,再将人工智能生成物

---

① 王雪乔. 人工智能生成物的知识产权保护立法研究[J]. 湖南科技大学学报(社会科学版),2020(2):97.

② 郭家利. 元宇宙背景下人工智能著作权法律主体资格问题研究[J]. 上海法学研究,2022,11:57-64.

③ 孙建丽. 人工智能生成物著作权法保护研究[J]. 电子知识产权,2018(9):29.

的权利赋予同一主体，制度上就产生了重复激励和双重保护的后果。[1]

除了由于人类参与度降低导致人工智能生成物的利益分配存在难点以外，人工智能生成物本身种类繁杂，及创造性、完整性参差不齐也导致难以进行统一的制度安排。因而，有学者提出要对人工智能生成物进行梯次定性，并非所有人工智能生成物都能够构成作品获得保护，除要以作品构成要件进行判断以外，单纯由人工智能生成的或人类贡献度较低的人工智能生成物，由于人工智能不具有权利主体地位，不符合作者的身份要求，不宜认定为作品。[2]该观点认为应当只保护那些符合作品构成要件，且经人机深层互动协作、人类贡献度较高的人工智能生成物。[3]还有学者针对人工智能技术发展的不同阶段提出了阶段性保护构想，认为可以采取"三阶段"保护策略，并在现阶段将人工智能生成物分为三类：几乎没有或只有少量人类参与的人工智能生成物，应当在反不正当竞争法的权益保护框架下判断；人类基本甚至完全参与人工智能创作所形成的成果，采取相对客观的标准对其进行独创性判断并予以保护；不容易归属到前两种的生成内容，归入公共领域。[4]

从上述制度设想中，我们可以清晰地理出人工智能生成物与现有著作权制度的矛盾之处，主要在于本身的独创性判断和主体问题。有学者提出，与著作权相比，邻接权制度能够给人工智能生成物保护带来更大的便利，原因在于邻接权并不关注作品的独创性，只关注作品的传播，这一宗旨能够较好地回避人工智能是否具有独创性的问题。[5]在权利主体上，邻接权

---

[1] 杨利华. 人工智能生成物著作权问题探究[J]. 现代法学, 2021（4）：110.

[2] 李国泉, 何刚, 倪晶旎. 人工智能生成物在著作权法中的梯次定性[J]. 上海法学研究, 2023, 6：205.

[3] 李国泉, 何刚, 倪晶旎. 人工智能生成物在著作权法中的梯次定性[J]. 上海法学研究, 2023, 6：205.

[4] 吴昊天. 人工智能创作物的独创性与保护策略[J]. 科技与法律, 2023（3）：76-86.

[5] 林智涌, 杨雪梅, 李海银, 等. 人工智能创作物著作权保护的争议与对策[J]. 传播与版权, 2022（5）：108.

不关注自然人这一在狭义著作权中最重要的主体,而是着重于作品传播过程中体现的价值[①],且邻接权没有人格权,财产权的范围也存在很大的可商榷空间[②]。确实在前述的讨论中,不乏观点认为人工智能生成物因没有人类参与或参与度较低,导致其无法构成作品。故而,有不少学者提出设立创作投资者权[③]、数据处理者权[④]等新型邻接权来为人工智能生成物提供保护。

二、人工智能生成物与人类作品

人工智能生成物的著作权保护除了前文所提的对现有理论和制度上的突破与冲突外,还存在一些法技术上的问题需要额外处理,主要涉及人工智能生成物与人类创作作品如何区分,以及二者之间交叉创作及侵权的责任承担问题。

(一)人工智能生成物与人类作品的区分问题

无论对人工智能生成物采取何种制度构想来进行保护,都有一个无法逃避的问题:如何与人类作品进行区分。如前文所述,人工智能生成物的独创性有认可之,也有否认之,还有主张将人工智能生成物进行分类,将人类未参与或参与度较低的人工智能生成物归入公共领域之论者。然而这些制度构想,都需要面临人工智能生成物与人类作品无法简单地从客观表现上区分开来的难题。人类参与度的多少只是一个想当然的划分标准,随

[①] 林智涌,杨雪梅,李海银,等. 人工智能创作物著作权保护的争议与对策[J]. 传播与版权,2022(5):108.

[②] 詹爱兰,姜启. 人工智能生成物的邻接权保护探析[J]. 浙江工业大学学报(社会科学版),2021(4):412–417.

[③] 许明月,谭玲. 论人工智能创作物的邻接权保护[J]. 比较法研究,2018(6):42–54.

[④] 陶乾. 论著作权法对人工智能生成成果的保护——作为邻接权的数据处理者权之证立[J]. 法学,2018(4):3–15.

着人工智能算法的完善和机器学习的深入,人类参与度的多少对人工智能生成物的最终形态和客观表现并不会有决定性的改变。

有学者提出,将人工智能的独创性与人类的独创性等同,是讨论人工智能生成物是否具有作品属性中最严重的误区,认为两种独创性并不相同,都有保护的价值和意义,但是保护标准和理论基础以及保护的目的和内容应当有所区别。[①] 对此,可将人工智能生成物按照创造性程度划分为生成物与创作物,前者不予以保护,后者予以财产性的法律保护。[②] 这一提议的缺点仍然在于所提出的"创造性"界限应当如何确定,即何为创造性较高的创作物,何为创造性程度不高的生成物。

区分标准模糊可能会导致更加严重的影响。人工智能生成物保护的构想不乏著作权保护、邻接权保护、新型财产保护制度、孳息制度等。这些保护模式都与人类作品的著作权制度有所区分,其理由大多在于独创性的判断结果所致,认为人工智能生成物与人类创作作品终究存在差异。即使这一差异对于大众而言,即将甚至是已经可以忽略不计,但法学研究者们仍然坚持这一差异即便看不见摸不着但从理论上来讲依然存在。这一认知坚持的结果就是保护制度的区分。一般而言,人工智能生成物是受到一定"歧视"的,即受到的保护程度往往弱于人类创作作品。对此,若无严格的、客观的、强制的区分制度,仅仅以某一抽象判断标准,如人类参与度的多少来进行区分保护,可能会造成新制度的形同虚设。当两种事物在客观上无法区分,而在理论上又对二者强行进行区分,最后这一区分也只能化为空中楼阁,尤其是在人工智能生成物的保护强度弱于人类创作作品的情形下。

总而言之,不论人工智能采取何种保护模式,只要著作权法对其性质的认定区别于人类创作作品,那么人工智能生成物就应当在客观上与人类作品通过强制的标注来进行区分。但这一标注是否应当作为人工智能生成

[①] 曾白凌. 目的之"人":论人工智能创作物的弱保护[J]. 现代出版,2020(4):59.

[②] 曾白凌. 目的之"人":论人工智能创作物的弱保护[J]. 现代出版,2020(4):59.

物受到保护的必要条件尚有争议。这与对人工智能生成物的定性有关，若将人工智能生成物认定为作品，那么以标注作为法律保护的前提，将与现行的制度框架下的"自动保护原则"相冲突。

（二）人工智能生成物与人类作品的关系

在现有的著作权框架中，允许创作的偶然性重复的存在，即当数个创作者在毫无相互接触的情况下，创作出相似的作品，这些作品之间互不侵权，相关创作者各自对其作品享有权利。人工智能生成物与人类作品之间也可能存在这种偶然性的重复。

首先，若人工智能生成物与在先的人类作品产生偶然性的重复，人工智能生成物是否构成对人类作品著作权的侵犯？换言之，著作权制度是否认可人工智能对在先作品的重复是偶然性的，而非侵权性的。如果认可人工智能生成物构成作品，是否要与人类作品一样一视同仁，只要人工智能所有者能够证明学习数据的合法性、人工智能使用者能够证明创作过程的非接触性，就不构成侵权。如果不认可人工智能生成物构成作品，那么该人工智能生成物的传播可能会构成对在先作品著作权的侵犯。此时，该人工智能生成物应当被禁止发布和传播，并且责任人应当赔偿在先作品权利人的损失。而人工智能生成物的责任主体又将处在不明确的状态中，究竟是人工智能所有者还是使用者应当对此负责还存在一定的商榷空间。

其次，人工智能生成物是人工智能在进行数据学习后，基于模板生成的数据的排列组合，这一排列组合是可穷尽的。换言之，当不同的人输入相同的指令，同一迭代的人工智能必然会给出相同的输出结果。这就使得人工智能本身如同一个不知内涵的数据库，使用者实际上是在这一数据库中进行数据挖掘。若将这些输出的数据基于独创性而认定为作品，那么这些重复输出的"作品"是否会被认定为偶然性的、著作权法允许的重复？如果说人工智能生成物不能被认定为作品，那么这些数据挖掘的重复导致的权益冲突应当如何解决仍然需要进行讨论。

最后，人工智能生成物必然不会是创作链条中的最终端，人们可以前人的作品基础上再创作，也可以在人工智能生成物的基础上进行再创作。事实上这也是目前人工智能生成内容的普遍运用方式——人们将人工智能生成的大量内容进行筛选、编排、整合甚至修改或者二次创作。若要对人工智能生成物提供法律保护，那么该赋予人工智能生成物何种强度的排他性是值得细思和探讨的话题。

综上而言，我们可以探知，人工智能生成物的著作权保护所涉及的论题——基础理论问题、客体问题、主体问题以及权利内容问题等，是一个一脉相承的整体。这些论题共同在人工智能生成物的著作权保护这一项下，无法分割。在基础理论上的观点倾向，势必会影响在客体、主体以及权利安排等的观点倾向。当然，后者的观点讨论可能会产生比基础理论更多的分支，因为其中涉及诸多法技术方面的选择。

第三章 著作权理论对人工智能生成物的回应

人工智能生成物的特殊创作方式，致使现有著作权理论在一定程度上失灵。财产权劳动理论、财产权人格理论、激励理论以及独创性理论的新解，可以在一定程度上缓解人工智能生成物对著作权理论的冲击。"新解"并非对原有理论的扩张解释，而是结合现有情况，对人工智能特殊的创作方式予以分析，使之尽可能地满足现有理论。

第一节 人工智能生成物著作权保护的正当性

一、财产权劳动理论新解

财产权劳动理论作为论证财产权正当性的基础理论，经常被用于论证知识产权制度的正当性，并成为知识产权制度的理论指引。人工智能生成物欲予以著作权保护，必然需要在一定程度上满足财产权劳动理论。前文已提及人工智能生成物的出现对财产权劳动学说的一定程度的颠覆，故而劳动财产理论需要进一步进行梳理。从"共有""劳动""需求"三要素出发，论证部分人工智能生成物予以著作权的正当性，以制定与之对应的知识产权法律规则。

（一）从"共有"要素分析人工智能生成物著作权取得标准

人工智能生成物著作权取得标准的争议点在于，人工智能技术使原有的独创性要求可以被轻易地满足，致使"积极共有"的前提形同虚设，以致私有权利过度侵占共有领域。笔者认为，人工智能生成物予以著作权保护必然导致私有权利侵占共有领域的后果，但是通过人工智能生成物具有独创性的"特殊要求"可以避免"消极共有"的状态，以及"过度侵占共有领域"的情况。

首先，需要结合人工智能的特点对人工智能生成物的著作权取得标准做出"特殊要求"。在"共有"要素指引下，权利取得标准失效问题的出现，也并非缘于人工智能生成物不符合积极共用的理论框架，原因在于现行的知识产权权利取得标准，不能达到对人工智能生成物著作权保护的全体共有人同意的基准。[1]通过设立统一的人工智能生成物著作权取得标准可以有效避免"消极共有"的现状。人工智能生成物的著作权取得标准的"特殊要求"，需要包含人工智能生成物的内容不能与公共领域的内容雷同或相似这一条件。由于人工智能训练过程中需要运用到海量的数据，而人工智能生成物本身就是这些数据有机的结合，因而无法辨别其生成的内容与共有领域的内容是基于"抄袭"还是"偶然"。除非有证据证明其并没运用该共有领域的数据，若出现雷同或相似的情况，应当认定该人工智能生成物不具备独创性。

其次，并非所有的人工智能生成物皆满足现有著作权取得标准。一方面在于人工智能机器人自身的能力。换言之，并非所有的人工智能机器人都可以生成具有独创性的人工智能生成物。另一方面在于人工智能生成物

---

[1] 刘鑫. 人工智能对知识产权制度的挑战与破解——洛克"财产权劳动学说"视角下的路径选择［J］. 云南社会科学，2020（6）：138-145，185.

的内容。人工智能技术虽然在不断发展，但是仅仅提高了其创造能力的"上限"。换言之，具备生成具有独创性的人工智能生成物能力的人工智能机器人，亦会生成不具备独创性的人工智能生成物。因此，在众多人工智能生成物中仅有少量人工智能生成物构成侵占公共领域。换言之，大部分的人工智能生成物仍然属于共有领域或者是对在先作品的侵权产物。

最后，具有独创性的人工智能生成物亦是有限的。具有创造能力的人工智能需要大量研发投入，因此这种具有生成"作品"能力的人工智能机器人必然"凤毛麟角"。从单个人工智能机器人来看，使用者输入相同或近似的文字、语音、图片等指令，其生成的内容在一定程度上是近似的。因此，虽然人工智能生成物在兴起的初期会呈现"爆炸式"发展，出现众多人工智能生成物，但通过使用者对人工智能机器人的发掘（输入不同的指令），其生成结果最终会达到"饱和"。换言之，通过对人工智能机器人的充分利用，人工智能机器人所生成"新"的内容亦随之减少。

（二）从"劳动"要素分析人工智能生成物著作权权利归属

人工智能生成物著作权归属的争议在于，人工智能生成的过程是人工智能机器人自主完成的，并没有任何人的直接劳动。笔者认为，虽然设计者、使用者和投资者，在人工智能创作过程中并没有体现其"劳动"要素，但是却与人工智能生成物的结果有着密不可分的联系。

使用者的"劳动"是人工智能生成物得以问世的直接原因。在弱人工智能时代，人工智能是不具备完全的自主意识，进而使用者输入"指令"的行为是人工智能生成物问世的必要条件之一。因此，单纯认为人工智能生成物是由人工智能机器人自主完成的观点是片面、错误的。使用者的劳动决定了人工智能生成物的主题方向与作品类型。换言之，使用者可以选择不同的人工智能机器人，或者对同一人工智能机器人输入不同的"指令"，而人工智能生成物的内容主题与表达类型与其"指令"有着必然的联系。故而使用者在一定程度上对人工智能生成物享有权利。

设计者的"劳动"是人工智能生成物具有独创性可能的根本原因。虽然使用者对人工智能生成物内容的主题与表达类型有着必然的直接联系，但是对于其生成内容的如何表达方面存在缺失，而设计者的"劳动"则是对如何表达这一问题的回应。设计者通过算法的设计、数据的选取，以及对人工智能"模型"的训练等"劳动"，为人工智能生成物提供了具有独创性表达的可能。

投资者的"劳动"则有两方面的体现：一种是创作前，人工智能机器人问世的"劳动"；另一种是创作后，人工智能生成物的后续"劳动"。关于创作前的"劳动"，投资者与设计者共同完成人工智能机器人自身的创作，设计者为研发提供"技术"上的"劳动"，而投资者则为研发提供"资金"与"组织"上的"劳动"。投资者在人工智能机器人研发过程中，为设计者设立研发目的并且在资金上予以支持。但是无论是设计者还是投资者，其劳动仅仅作用于人工智能机器人，并未将人工智能生成物从"共有"领域区分出来。换言之，设计者与投资者的劳动仅仅是画了一个"圈"，这个"圈"代表了该人工智能机器人可以生成的所有人工智能生成物，而单个人工智能生成物则是这个"圈"中的一个"点"。这个"圈"不仅包含了"共有"领域，同样也囊括了"他人私有"的领域。只有当通过使用者的输入行为生成了某个"点"，且这个"点"不属于"他人私有"的领域时，这个"点"才能从"共有"领域分离出来。因此，从"劳动"要素分析，无论是投资者还是设计者都不是人工智能生成物的权利人。关于创作后的"劳动"，基于投资者对人工智能机器人具有一定的控制性，投资者相对于其他主体对人工智能生成物的管理、获益分配更加便捷，可以基于其助于传播的"劳动"行为予以邻接权保护。

（三）从"需求"要素分析人工智能生成物著作权限制机制

人工智能生成物的不当利用，不仅会过度侵占共有领域，还可能引发市场的混乱与失灵。因此，需要基于"需求"要素对人工智能生成物进行满足"足够保留"与"禁止浪费"这两项限制要求的权利限制。虽然人工智能机器人的强大"创造力",致使人工智能生成物将会在短时间内爆发式增长,但是随着对人工智能机器人的"挖掘",其生成的"新的人工智能生成物"也将逐渐变缓。因此,人工智能生成物对"共有"领域"侵占"是有限度的,仅仅是对"圈"内的"侵占"。由于"圈"内不仅包含公共领域,还可能包含私人领域。根据现有的著作权理论,即使两个作品的内容表达有实质性相似,只要两个作者是独立创作完成的,那么两个作者对该内容皆享有著作权。因此,相比于一般"独一无二"的作品的权利排他性,该作品权利的排他性较弱。人工智能创作的便利性致使人工智能创作的成本远远低于纯粹的人类创作。当人工智能生成的内容与人类作品的表达内容相似或相同时,如果依据现有著作权规定,则会抑制纯粹的人类创作激情,致使人类作者退出作品市场,从而导致著作权产业的"缩水"。因此,人工智能生成物著作权保护应当充分考虑到人类作品与人工智能生成物的关系,解决人工智能生成物与在先人类作品、人工智能生成物与后续人类作品,以及人工智能生成物之间的侵权责任划分问题,明晰人工智能生成物的权利内容与使用方式。

  人工智能生成物权利内容的特殊规定,可以缓解人工智能生成物对人类作品的冲击,从而满足"需求"要素。若人工智能生成物的内容与在先人类作品雷同,则该人工智能生成物的"权利人"无法主张排他性财产权。人工智能是对已有数据的挖掘,由于人工智能创作的"黑箱性"致使设计者亦不知道其具体的生成过程,因此对于其生成的结果是"抄袭"还是"原创"无从得知。当该内容在著作权财产权保护期限之外,则该内容依旧属于公有领域。该内容本来是私人占有并享有排他权,但基于著作权保护期限强制重新回归公有领域。若是将其重新回归私人占有,则会造成保护期限形同虚设。当该内容在著作权财产权保护期限之内,则构成对他人作品的"抄袭",无法对其主张财产性权利,如同侵权作品一般,即使训练用的数据库中并没使用该人类作品,是基于巧合偶然发生。人工智能生成的便利性致使人工智能生成物独创性标准要高于人类作品。当其生成的内容与现有作品一致，则不应认定其具备人工智能应有的创造性。与此同时，在权利保护期限方面也应当短于人类作品的保护期限。

人工智能生成物的著作权保护并不会造成著作权产业的萎缩。虽然纯粹的人类创作会因为人工智能而减少，但是会增加大量利用人工智能创作的行为，各个人工智能机器人之间也会因竞争而提高其创新能力。并且人工智能生成物主要挤占的是"劣质"作品的空间，而优秀的作品往往依旧出自人类之手。

二、财产权人格理论新解

作品是创作者人格的延伸与体现，作品作为创作者之财产是自由意志的体现，因此为作品提供著作权法上的保护正是对创作者人格的保护。但是面对人工智能生成物，运用财产权人格理论论证其权利正当性陷入了困境。想要解决这个问题需要明晰机器人是否具有人格？谁才是真正的"创作者"？人工智能生成物是否可以体现"创作者"之人格？

（一）人工智能机器人的人格属性

人工智能机器人具有人格属性，是人工智能机器人作为著作权权利主体的必要非充分条件。有学者认为，人工智能机器人人格的缺失，是财产权人格理论无法用于论证人工智能生成物知识产权保护正当性的根本原因。[1]

人工智能机器人是拥有一定的人格属性。人工智能机器人作为一种计算机软件作品，其本身就是该作品创作者人格的延伸。换言之，人工智能机器人自身可以体现出设计者的一部分人格属性。学界关于软件作品的特征的主流观点认为，计算机软件作品具有"作品"和"工具"两重属性：其"作品属性"表现在计算机软件作品自身具有表达"思想"的外在形式，

---

[1] 刘鑫.人工智能创造物知识产权保护的正当性释疑——黑格尔"财产权人格学说"下的理论证成与制度调适 [J]. 科技与法律，2020，148（6）：41-47.

与其他作品一致；而其"工具属性"则体现出计算机软件的功能性，即通过控制计算机硬件，通过一定的逻辑关系获得结果。人工智能机器人的"作品属性"使得人工智能机器人自身构成一个作品，是设计者人格的延伸。而其"工具属性"使得人工智能机器人作为一个工具，为人工智能生成物提供一定的逻辑生成规则。

人工智能机器人所蕴含的人格属性不足以使其构成权利主体。人格的本质在于意志自由，一个人只有拥有了自由意志才可以成为具有独立人格和权利能力的人。[①] 从"人格"的角度而言，人工智能机器人基于以下两点无法成为人工智能生成物的权利主体：其一，人工智能机器人不具备意志自由的能力。人工智能机器人的创作行为虽然类似于人的创作行为，但是缺乏创作意图、创作范围、创作形式等。换言之，人工智能机器人的意志受到了他人的影响与支配。例如，人工智能机器人无法决定什么时候生成？生成以什么为主题的内容？生成什么类型的内容？因此，人工智能机器人的人格属性是不完整的，只能体现设计者在面对某一问题的解决方法。其二，人工智能机器人目前缺乏拟制人格的必要性。人工智能机器人研发费用的巨大，致使目前人工智能机器人掌握在各企业巨头之手，尚未形成以"人工智能机器人为核心"的组织群体，即集合设计者、使用者、投资者等围绕人工智能机器人组建的团体，该团体可以代表团体中所有自然人的共同意志行使权利、承担义务。

虽然基于财产权人格理论人工智能机器人无法成为人工智能生成物的权利主体，但是并不影响财产权人格理论对人工智能生成物著作权保护的正当性。作品的权利主体是作者，但是作品的创作者不一定是作者。例如作品的作者可以基于委托作品、职务作品的相关规定，致使创作者无法成为作品的作者。因此，创作者不一定是作品的权利主体。当人工智能生成物"真实的创作者"满足"意志""人格""财产"三要素，财产权人格

---

① 黑格尔.法哲学原理［M］.范扬，张企泰，译，北京：商务印书馆，1961：59，46.

理论依旧可以用于论证人工智能生成物著作权保护的正当性。

（二）人工智能生成物"真实的创作者"

基于人工智能生成物是由人工智能机器人生成的事实，而认定人工智能生成的创作者是人工智能机器人是不合理的。人工智能机器人作为一个计算机软件作品，其"工具"属性致使其具备一定逻辑处理能力的功能性。现阶段人工智能机器人因缺乏自主创作意图，而需要人为参与方能完成整个创作过程。因此，将人工智能机器人认定为人工智能生成物的创作者是片面的。其"真实的创作者"的确认需要涵盖整个人工智能创作流程，以及明晰具有人格属性的创作参与人之间的关系构架。在整个人工智能创作流程中包含了使用者、设计者与人工智能机器人三个具有人格属性的个体。

无论是使用者、设计者还是人工智能机器人的人格属性，皆无法单独满足人工智能生成物"人格"属性之要求。使用者作为人工智能生成物的直接参与人，其输入指令的行为足以体现出其创作的意图，即通过人工智能机器人生成某一作品的意图，但是缺乏其对生成内容如何表达之意志，出于一种"放任"的态度。设计者是为人工智能机器人提供了算法、标注、训练等一系列劳动的一群人，其意志在于构建出一种解决问题的模型，足以体现这一群体对待某一问题的个性化判断，但是对于其生成的内容缺乏创作的意图。人工智能机器人作为设计者人格的延伸，是所有自然人意志的结合，是使用者与设计者之间的纽带。

人类作品中无论是合作作品还是委托作品在创作时，其创作意图与表达意图皆存在转移与统一的现象。在合作作品的创作中，合作者之间对于创作意图存在共同创作之意图，以及创作何种类型、何种主题之意图，并将其达成共识。在表达意图上，合作者对于他人创作部分予以追认。在合作作品中，合作者对合作作品共同享有著作权，实则是两者意志的统一，相互认可的结果。而在委托作品的创作中，委托人将自己的创作意图告知被委托人，而被委托人认可其创作意图，并创作具有自己人格属性的作品，而委托人再对其表达意图予以追认。而"追认"实则是意志的转移与统一。

在人工智能创作中，以人工智能机器人为媒介，在一定程度上实现了设计者与使用者的创作意图与表达意图的统一。人工智能生成物体现了使用者创作意图与设计者表达意图，是两者之间人格属性相互"追认"的结果，包含设计者对使用者创作意图的"追认"，以及使用者对生成内容的表达意图的"追认"。因此，人工智能生成物著作权保护依旧可以适用财产权人格理论。

三、激励理论与市场竞争

著作权法的基本目标条款并非可有可无的宣示性条款，而是可以对著作权制度设置起到重要指引或限制意义的基本条款。它一方面可指引制定有益于促进社会文化发展的著作权法，另一方面亦可限制未必有益于促进社会文化发展的制度安排。因此，著作权法基本目标就可对著作权制度的设置与运行起到制衡作用。关于激励人工智能生成物的创作有三个方面：首先是对人工智能自身的创作行为，即鼓励设计者设计不同的人工智能机器人；其次是鼓励对人工智能机器的充分利用，即鼓励利用人工智能机器人生成大量的人工智能生成物；最后是鼓励人类对人工智能生成物的二次创作。人工智能生成内容的过程是对人类已有文化、艺术等领域成果的利用，其生成内容使得包括孤儿作品、公共领域作品，以及退出流通市场的作品等已发表的作品的价值得以发掘，对人工智能生成物的立法保护也有利于促进对人类已有成果的再利用。①

（一）对人工智能生成物予以著作权保护满足著作权的立法目的

基于著作权法的基本目标条款，新的表达即使满足作品的构成要件，也不必然构成新的著作权客体，例如体操运动"程菲跳"、第九套广播体

---

① 陶乾. 论著作权法对人工智能生成成果的保护——作为邻接权的数据处理者权之证立[J]. 法学，2018（4）：3-15.

操等。因为如果对此类表达予以著作权保护,将会对后续的公有领域带来巨大影响,与著作权的立法目的相悖。因此,欲对人工智能生成物予以著作权保护,除了满足作品的构成要件外,还需满足著作权的立法目的。

1.著作权的立法目的冲突与统一

《著作权法》第一条规定:为保护文学、艺术和科学作品作者的著作权,以及与著作权有关的权益,鼓励有益于社会主义精神文明、物质文明建设的作品的创作和传播,促进社会主义文化和科学事业的发展与繁荣,根据宪法制定本法。因而《著作权法》的立法目的在于:①保护作者的著作权,以及与著作权有关的权益;②鼓励作品创作和传播,促进文化与科学事业的发展繁荣。但是由于两者之间存在一定的价值冲突,在面临新问题时应当以保护私权为手段,以促进创新最大化为宗旨。

法律价值标志着法律所追求的一定目标,体现出立法的需要与理想。[①] 法律价值之间的关系可以大致分为三种状态:无涉及状态、耦合状态与竞合状态。而《著作权法》的两个立法目的的法律价值应当属于耦合状态,即两者存在正相关关系,两者之间任何一个变量的增减都意味着另一个变量的增减。而只有出现竞合状态即两者存在负相关关系,两者之间此消彼长,此长彼消时,法的价值冲突才会产生。

对于著作权法的立法目的冲突可以进行两种解读:一种是以权利冲突进行解读,即个人权利与公众权利的冲突;另一种是以价值冲突的方式进行解读。著作权法立法目的一是保护作者的著作权以及与著作权有关的权益,这个立法目的体现私权得以保护的美好愿想;二是鼓励作品创作和传播,促进文化与科学事业的发展繁荣,这个立法目的也是实现文化繁荣这个美好愿想。但是由于社会资源与机会的有限性与个人的自私性,导致这两个美好愿望无法同时圆满实现,从而产生价值冲突。

《中华人民共和国民法总则》(以下简称《民法总则》)第123条规定:

---

① 杨慧华.论法律价值冲突及其解决原则[J].法制博览,2012(2):33-34.

民事主体依法享有知识产权。知识产权纳入《民法总则》确立了知识产权法是一个私法的基本属性，而作为一个私法其必然保护权利人的私有权利。与所有权不同的是，知识产权的保护具有时间性与地域性的特点，其保护客体也具有创造性、非物质性、公开性与社会性。由于知识产权客体的创造性，其结果极易推动科技的进步与文化的丰富。但是，由于其非物质性与社会性的特点，若是以所有权一律采取绝对保护，则极易产生垄断，不利于社会的再次进步。因此，国家对知识产权进行保护，也是希望可以通过建立一个良好的知识产权保护制度保护权利人的利益，并在保护其利益的同时激励再创新。但是，作品的创作本身需要结合大量的前人的智力成果，若是全方面予以创新，则会如同梵高的作品一样不为世人所认同，甚至不能称之为作品。因而著作权本身是一个不完整的"绝对权"。正是由于以上这些原因，我们在保护著作权时，与所有权相比，应当更加侧重于公众利益一些。

虽然著作权的有效保护有利于激发人们的创作热情，但是随着科技的进步，保护的力度与方式则严重影响了作品的创作与传播。著作权的起源来自国家对印刷企业设立的专有权，并随着技术革命，著作权客体也在不断扩充。例如，录音录像的发明增加了音乐作品、摄影作品等。并且由于科技的更新，著作权的保护方式与方法也在不断更新。互联网与电子计算机技术的发明，为文化的传播提供了巨大的便利，但是由于对其保护的力度方式问题，使得公众在接触作品时受到了限制。例如，互联网的发展致使电子书与网络视频的产生，由于互联网的极强的复制性，致使权利人无法获得原有的利益，因此为防止复印产生限制了阅览权限。虽然目前这样的保护方式已获得当前社会的认同，但是对于将来的人工智能科技的革命会产生巨大的限制。对于人工智能来说，数据是基础，算法是核心。数据的垄断会极大地限制人工智能的发展。因此随着社会的进步，我们应当从侧重于保护个人利益向侧重于保护集体利益转移，以便更好地调节社会关系，促进发展。知识产权制度是一个时代产物。在落后的过去，计划经济的中国不需要知识产权制度；在社会物质极其丰富的未来，知识产权制度也终将没落、淘汰；但是在市场经济的今天，知识产权制度必不可少。

因此在面对这两个价值冲突时，应当结合国情，严格遵循价值位阶原则、个案平衡原则、比例原则等基本原则调节冲突。就这两个立法目的价值而言，保护权利人的私有利益是激励再创新的一种手段。但是就目前知识产权保护现状而言，激励创新已然变成一种"口号"。习近平主席也在国际会议中提出：知识产权制度是为了促进科技的进步，使所有的人民都能享受到科技进步带来的成果，而不应当成为少数人谋利的工具。因此，我们在调节这两个价值冲突时，应该考虑怎样的保护能达到激励创新最大化。因为在市场经济条件下，不对著作权进行保护，就无法产生激励的效果；但保护过度又会阻碍作品的再创造、文化的丰富。

总之，著作权法的立法目的之间存在内在的价值冲突，而解决该价值冲突应当以达到激励创新最大化的原则作为统一的标准。因此在著作权制度面临客体突破可能性时，在如何保护问题上理应以达到激励创新最大化作为参考标准。

2. 人工智能生成作品的著作权保护对激励创作的表现与要求

著作权的激励效果主要是通过对权利人的私权保护，从而达到激励之目的，进而促进相关产业与文化的传播与繁荣。[1]而著作权保护的正当性也在于，通过对一定对象在一定期限内设定专有权产生的激励效果，大于限制知识分享的社会成本。[2]因此，人工智能生成作品激励创作之表现应当从是否予以著作权保护为界进行分析。笔者认为，对人工智能生成作品予以著作权保护可以对以下三种现象产生激励创作之效果：①激励使用者利用人工智能机器人进行创作；②激励设计者设计更为复杂、优异的人工智能机器人；③激励以人工智能创作为核心的产业链的发展。

---

[1] 杨利华. 公共领域视野下著作权法价值构造研究［J］. 法学评论，2021，39（4）：117–129.

[2] 杨利华. 公共领域视野下著作权法价值构造研究［J］. 法学评论，2021，39（4）：117–129.

第一，对人工智能生成作品予以著作权保护，可以激励使用者利用人工智能机器人进行创作。首先，利用人工智能创作可以大幅度减少创作成本。由于人工智能在数据获取与处理能力方面大幅度超越自然人，因此在作品创作过程中，人工智能可以代替人类完成数据统计分析等部分底层智力劳动，从而减少创作的时间成本。其次，利用人工智能创作可以完成高质量的智力成果。虽然目前人工智能技术基于算法与算力的不足，无法直接生成高质量的人工智能生成作品，但是人类可以基于人工智能替代大量底层智力劳动的现状，将有限的时间与精力致力于顶层的智力劳动之中，从而获得更为高质量的智力成果。最后，人工智能机器自身作为一个赋有设计者"思想"的创作工具，是需要被"开发"的。在人工智能生成物的生成过程中，使用者的输入行为是人工智能生成物得以创作的前提要素。换言之，没有使用者的输入行为，人工智能生成物就无法完成。因此需要使用者对该人工智能生成物进行大量的开发工作，致使产生更多的原始人工智能生成物。在这些原始人工智能生成物中，一部分满足作品独创性之要求的人工智能生成作品直接予以著作权保护；一部分未能满足作品独创性的人工智能智力成果，但是其中赋有智力成果足以构成创作素材，自然人得以利用这些人工智能智力成果创作出人工智能衍生作品，间接地受到著作权保护。

若不对人工智能生成作品予以著作权保护，虽然无法对人类利用人工智能创作的创作行为产生巨大影响，但是将会对人工智能生成作品的未来发展带来不利的影响。具言之，自然人利用人工智能智力成果创作出人工智能衍生作品，间接地受到著作权保护。随着越来越多具有个性化的人工智能机器人问世，对于输入相同指令的人工智能机器人所生成的原始人工智能生成物必将产生巨大区别，致使具有独创性表达人工智能生成作品依旧需要人类从中提取智力成果，进行创作人工智能衍生作品，或者对其进行修改，使其成为人工智能修改作品，方能得到著作权保护。一方面，人工智能修改作品存在大量的"相似片段"，造成一系列的"侵权"问题；另一方面，使用者利用人工智能创作的负担更重，因为使用者基于自身的创作目的使用人工智能机器人进行创作，还需要对已具独创性表达的人工智能生成作品进行"洗稿"的行为。

第二，对人工智能生成作品予以著作权保护，不仅会对人工智能生成物的生成环节予以激励，而且会对人工智能机器人本身的创作存在激励的效果。利用人工智能创作与以往人类利用工具创作的不同之处在于，人工智能本身不仅具有工具的属性，还肩负着设计者在人工智能机器人身上的个性化的安排。因此，当人工智能生成作品得以获得著作权保护，一方面会促使越来越多的具有个性化表达能力的人工智能机器人问世；另一方面会促使设计者在原有人工智能机器人的数据或算法上进一步完善与优化。

但如若置于人工智能自动生成文学艺术表达形式的情境，就会产生保护著作权并非激励文学家或艺术家的艺术创作，而是激励科学家研发写作或绘画人工智能机器人的荒唐结论。因此，扩大解释激励对象的观点并不可取。①

若不对人工智能生成作品予以著作权保护，则设计者在完善人工智能机器人创作能力问题上可能会存在一定懈怠。人工智能机器人的创作能力一方面来自数据的收集，另一方面来自设计者设计的算法。设计者在设计如何处理数据、分析问题与解决问题上具有其个性化的思想，因此人工智能机器人直接生成的人工智能生成作品，蕴含了设计者如何分析输入指令、如何表达结果的智力成果。算法的更新意味着表达方式与表达能力的提升，而这种创造性的提升若无法获得与其为之付出的劳动相匹配的收益，那么这种创造性在利益面前就没有开发的价值与市场。换言之，投资者为人工智能产业投入的目的是从中获利，若优化项目没有获利的可能，那么亦没有投资的必要。

第三，对人工智能生成作品予以著作权保护，可以激励以人工智能为核心的产业链的发展。投资者致力于研发用于创作"作品"的人工智能之

---

① 曹新明，咸晨旭. 人工智能作为知识产权主体的伦理探讨［J］. 西北大学学报（哲学社会科学版），2020，50（1）：94-106.

目的在于，可以基于该人工智能产品从中获利；使用者利用人工智能机器人进行创作之目的在于节约时间成本，以高效的方式达成自身的创作需求。基于此供需关系构建著作权体系的产业，可以达到投资者与使用者双赢的结果。首先，对人工智能生成作品予以著作权保护，可以提升人工智能生成作品的内在价值，有助于投资者对人工智能研发的投入，以提高人工智能生成作品的质量，促进商业竞争，从而形成良好的市场氛围。其次，对人工智能衍生作品予以著作权保护，可以激发使用者利用人工智能生成成果进行创作的热情，缓解因人工智能技术的不成熟，导致某些原始人工智能生成物无法达到作品独创性之要求，从而引起供需关系破裂的现象。最后，对人工智能生成成果予以邻接权保护，有助于投资者将人工智能生产成果作为知识产品进行推广，从而促进知识的传播。

（二）人工智能生成作品予以著作权保护的激励创作最大化之要求

虽然对人工智能生成作品予以著作权保护，可以保护私权、激励创作、促进传播，以及满足著作权法的立法要求，但基于著作权法自身立法目的的冲突，以及人工智能创作特有的创作方式，对人工智能生成作品的著作权保护应该充分平衡各方利益，出于激励创作最大化之目的做出特别规范。

1. 平衡人工智能生成作品与人类作品之冲突

人工智能生成作品与人类作品的冲突主要表现在以下四个方面：首先，人工智能机器人在进行机器学习过程中需要添加大量现有作品进行训练。纵使在人工智能机器人的创作中具有一定的独创性因素，但基于数据收集而进行创作的原始人工智能生成物，会出现与现有作品实质性相似的可能。按照"接触＋实质性相似"的著作权侵权认定规制，若人工智能机器人在设计和训练中录入了被侵权作品，该人工智能生成作品显然构成侵权，但是在是否录入被侵权作品问题上存在取证难的问题。因此，在制度安排上，对人工智能生成作品的著作权保护不得侵犯在先作品的权利，以保证对原有的激励制度不构成影响。其次，由于人工智能生成作品与人类作品的难以区分，在人工智能生成作品"弱"保护的前提下，极有可能出现以人工智能生成作品冒充人类作品的行为。因此，需要对人工智能生成作品进行强制性"标示"，并对人工智能机器人进行强制性"备份"，以提供良好的著作权保护与创新环境。最后，人类作品的著作权人无法拒绝将自己的作品用于人工智能机器人的训练与开发。一方面，拒绝将原作品用于人工智能机器人的开发有助于保护原作品的"独创性"，人工智能对数据的提取与转换能力将人类作品转换成新的"作品"，如人工智能洗稿行为，或者模仿人类作品创设新的作品；另一方面，拒绝将原作品用于人工智能机器人的开发具有不可操作性，换言之，作品的发表致使其流入公共视野，设计者将其用于人工智能机器人的开发具有极强的隐蔽性。因此需要对人工智能机器人的开发目的予以限制，对有悖于著作权保护生态的人工智能生成作品予以限制，以保证"洗稿"型人工智能生成作品无法成为受著作权保护的作品。

2. 平衡人工智能生成作品之间的冲突

人工智能生成作品之间的冲突，根据人工智能技术的发展分为三个阶段：第一阶段是不同使用者利用完全相同的人工智能机器人所生成的人工智能生成作品之间的冲突。此类阶段的焦点在于该作品的权属争议问题。按照独创性标准而言，不同使用者利用人工智能进行创作，不构成复制行为，理应各自获得其著作权。换言之，人工智能的创作模式致使一个作品可能拥有多个著作权人的问题出现，若按照强制登记原则对人工智能生成作品进行登记则又会造成大量的"无用"作品产生，保护成本巨大。因此，可以从人工智能机器人登记入手，建立一个以人工智能机器人为中心的"群体性排他"。利用该人工智能机器人创作的所有人共享该作品的著作权，但是对其他具有排他性。第二阶段是基于同样算法但其数据库存在差异所产生的人工智能生成作品之间的冲突。此阶段的焦点在于人工智能机器人具有了一定"进化性"，原版本与新版本之间的著作权纠纷。一方面是人工智能产品的整体性更新，例如从 1.0 版本向 2.0 版本的更新，还有一方面是人工智能产品具备了再次学习能力，从而形成的个体化差异。第三阶段是利用完全不同的人工智能机器人所生成的人工智能生成作品之间的冲突。该阶段的焦点在于人工智能机器人具有了广泛性，使用者可以选择不同的人工智能机器人进行创作。

3. 平衡人工智能生成作品与公有领域的冲突

在著作权利益团体的推动下，法律赋予权利人的利益在保护范围、保护内容以及保护期限上存在扩张的趋势。若被抢占的公共领域并没有相应的权利制度予以规制，公众则难以获得因技术革新与经济发展带来的文化红利，从而限制了作品的创作与传播，有违著作权法的立法目的。我国著作权法中虽然没有关于"公共领域"的表述，但是不少学者呼吁著作权法应该更多地关注"公有领域"[1]。因此，人工智能生成作品在予以著作权保护前，需要考虑到与公共领域的冲突。

关于著作权法中的公有领域范围，国内学者认为除去《著作权法》第五条[2]规定的内容外，还应该包括超过著作权保护期限的作品，缺乏独创性的作品以及不符合国际条约规定条件的作品[3]。而人工智能生成作品与公有领域的冲突，主要表现在人工智能生成作品的内容与现有公有领域产生冲突。一般而言，一旦专有领域的作品或权利进入公有领域就不能再回归专有领域，因为公有领域是社会公众可以自由使用的部分。如果进入公有领域的作品还能逆向回归到专有领域区域，会破坏公众对公有领域本质的"确信"，不利于著作权的创作与传播。因此在平衡人工智能生成作品保护的同时，不得与现有公有领域的内容发生冲突。

知识产权法由于受科技创新的影响经常面临需要打破原有基本法律的

---

[1] Lange D. Recognizing the Public Domain [J]. Law and Contemporary Problems, 1981, 44: 147.

[2] 《著作权法》第五条规定本法不适用于：（一）法律、法规，国家机关的决议、决定、命令和其他具有立法、行政、司法性质的文件，及其官方正式译文；（二）单纯事实消息；（三）历法、通用数表、通用表格和公式。

[3] 胡开忠. 知识产权法中的公有领域的保护 [J]. 法学, 2008（8）: 63-74.

情况，但是学者对于其市场和政策的论证往往由于自身无法论证或者难以论证，从而采取不论证或者简要的形式。基础理论的论证只是对改变现有法律的可能性与合理性进行分析，而对改变现有法律必要性的分析需要从市场与政策入手。

第二节 人工智能生成物的独创性认定

一、人工智能生成物具有独创性的可能性

因为人工智能生成物自身的复杂性，所以并非所有的人工智能生成物都具备独创性的可能。但是在众多人工智能生成物中，仍然有部分人工智能生成物可能被认定为具有独创性。究其缘由，一方面在于我国独创性认定标准的不统一性；另一方面在于非人类创作成果在司法实践中也有被认定具有独创性的现状。

（一）独创性标准未统一为人工智能独创性判断提供的条件

"无论是在英美法系还是在大陆法系均采用独创性这一概念来作为作品是否受保护的实质性判断标准。"[①] 因此，独创性是判断是否构成作品的核心要素。基于历史与发展的差异，各个国家对于独创性的判断标准都有所不同。我国的著作权制度的构建并非基于历史发展，而是"舶来品"。虽然著作权制度已经历经三十多年的发展，但我国在独创性标准问题上并没有"独创性"的统一结论，还深受大陆法系与普通法系的影响。因此，独创性的认定还需结合两大法系在独创性认定的历史形成与发展方向。

以英国、美国为代表的普通法系国家，以"财产价值观"作为版权的立法思想，更加注重保护作品带来的经济利益，具有浓厚的功利色彩。其

[①] 吴汉东，胡开忠. 无形财产权制度研究［M］. 北京：法律出版社，2005：262.

版权保护的侧重点不在于维护作者的权利，而在于以激励对作品创作投资的方式来促进新作品的创作与传播。例如，美国宪法中规定：国会有权对作者或发明人就其个人作品或发明的专有权利，赋予一定期限的保护，以促进科学和艺术的发展。美国学者将其概括为促进知识的传播和发展、公共领域保留与保护作者三项政策，其中促进知识的传播与发展是首要的政策目的。因此，普通法系的版权法制度是从"财产价值观"的经济学角度构建。继而普通法系国家在制度安排上对于独创性标准的认定较为宽松。英国在作品独创性认定上采取以"非复制+独立创作"为标准。作品的独创性意味着作者不是从别处毫无创意地纯粹复制了作品，而是通过他自身的技能、知识、劳动、品位或判断独立创作了作品。[1] 美国1976年版权法第一次在成文法规定了独创性是作品的构成要件，却未对其概念进行界定。但是根据美国众议院1976年的版权报告，独创性的含义与标准应当由法院通过判例来界定。[2] 而在美国司法判例中通常认为独创性包含"独立"与"创作"两个含义，即独创性不仅要求作品是由作者独立完成，而且需要达到最低程度的创造性。

以法国、德国为代表的大陆法系国家，以"人格价值观"作为著作权立法的基本取向。受康德的人格权说、费希特哲学思想及"天赋人权"等哲学思想影响，他们认为作品是作者人格之延伸，是作者灵性感受的创造物。因此，他们在关注作者对作品享有经济权利的同时，更加关注人格利益。作者权体系采用较为严格的独创性标准，除了要求作品是作者独立完成之外，还要求体现作者的个性。"创作"应该仅指作者的智力创造活动，而不及于单凭技巧的劳动和一般的智力活动。法国著作权法认为"认定作品是否被创作，并不取决于作品是否公开发表，而取决于作品是否体现了作者的构思这一事实。"因此，与版权体系相比，法国独创性的立足点在

---

[1] Garnett K, Davies G, Harbottle G.Copinger and Skone James on Copyright [M]. 15th ed. London: Sweet and Maxwell Limited, 2005: 118.

[2] 李明德. 美国知识产权法 [M]. 北京: 法律出版社, 2003: 143.

于作品与作者的人格联系，而不过多关注创作本身。德国的独创性标准经历了"创作高度"与"小铜币"理论两个阶段。其独创性的判断标准已经触及作品的品质判断，作品不仅要反映作者的个性和创造性，而且要求达到一定的"创作高度"，一般人平均水平的智力创作成果并不能受到著作权的保护。"小铜币"理论则针对不同的创作作品要求不同的创作水准。因此，"小铜币"理论既能够保护具有较高创作水准的作品，又规定了著作权保护的下限。

在我国，无论是理论界还是司法实践，对于独创性的认定都是见仁见智。从历史原因来讲，我国的独创性理论源自西方舶来品，虽然始终是循着大陆法系传统的方向演进，但也借鉴了普通法系关于独创性的理论。因此我国在独创性认定上结合两大法系的特色，即独创性认定既需要在一定程度上体现作者的人格属性，在创造性标准上也没有特别高的要求。换言之，我国独创性的认定在理论层面是以"中庸"思想为基准，融合两大法系对独创性的判断标准。从现实原因来讲，无论是我国签署的与著作权有关的国际条约，还是我国目前立法，皆没有对独创性做出具体的规定。《伯尔尼保护文学和艺术作品公约》中第二条第二款规定："本同盟各成员国得通过国内立法规定所有作品或任何特定种类的作品如果未以某种物质形式固定下来便不受保护。"因此，各成员国对作品的作品类型及其构成要件，需要在本国法中得以体现。而现行《著作权法》及其实施条例皆未对独创做出明确的界定，只是在《中华人民共和国著作权法实施条例》第二条提及独创性这一概念。[①] 在《最高人民法院关于审理著作权民事纠纷案件适用法律若干问题的解释》第十五条中针对不同作者就同一题材创作的作品的独创性标准做出了司法解释，即作品的表达系独立完成并且有创造性的。但这一独创造标准是基于特定作品类型的独创性标准，再加上该条文对于"独立""创造性"并没有进一步解释，因而该表述的内涵无法成为所有

[①] 《中华人民共和国著作权法实施条例》第二条著作权法所称作品，是指文学、艺术和科学领域内具有独创性并能以某种有形形式复制的智力成果。

作品的独创性标准。换言之,"独立完成"与"有创造性"是独创性认定的必要但非充分条件,对于独创性的理解还需法官结合独创性理论。基于历史原因我国没有自己的独创性理论,因此需要从两大法系的独创性理论予以借鉴、辅助。由于法官对不同法系独创性理论借鉴比例与程度不同,在独创性的认定标准上存在一定差异。

虽然我国在独创性的认定标准上并未达成统一共识,但也主要是"量"的分歧,而非"质"的分歧。例如,在创造性问题上,其分歧在于独创性最低程度的创造标准在哪里,而对于独创性是否应该具有创造性并无争议。因此,我国在独创性的认定问题上是达成了一定程度的共识,即独创性至少需要满足独立完成与有创造性。独立完成是指作品是由作者独立完成的并非抄袭的结果,而创造性是指作者创作的智力成果具有一定的创造性。由此可见我国关于独创性认定的理论共识是两大法系相互融合的结果,但是由于两大法系有着各自的价值取向,因而存在一定的不相容性。而这种不相容的地方也是独创性认定标准难以达成共识的原因。基于大陆法系关于作品是作者"人格"属性延伸这一理论,我国对此有一定的借鉴。一般认为,作者在创作过程中是基于自身的经历、理解,因而其创作的表达内容蕴含作者自身的个性,作品中体现作者的个性可以作为作品独创性判断的要素之一。但是传统的著作人格权理论仅仅反映的是作者与特定作品的人格关联[①],因此在独创性认定上仅仅适用于部分作品,如文学作品。对于计算机作品等科学领域内的作品,就很难要求作品中严格体现作者的个性要素。换言之,对于科学领域内作品的作者在个性化表达的要求比作者在文学作品中个性化表达的要求要低,这使得个性要素在独创性标准认定上存在一个弹性区间。人工智能生成作品只要满足"最低程度"的个性要素就有具备独创性的可能。同理,普通法系对于作品创造性的要求相比于大陆法系的要求更为宽泛,即达到最低程度的创造性。再加上"最低程度"的创造性标准也是不确定的,"创造性最高"的人工智能生成作品,只要

---

① 李琛. 著作权基本理论批判[M]. 北京:知识产权出版社,2013:181.

达到我国认可的关于人工智能生成作品的"最低程度"创造性标准,即可认定其具备独创性。

(二)非人类创作成果亦具有独创性的可能

在著作权的发展中,对于那些与人类有关但是非人类直接创作的创作方式并不难见,如动物创作[1]、随机创作[2]、计算机创作[3]等。但是这些创作方式大多被排除在著作权法的保护范围之外,而其理由皆为不满足作品的独创性。但是随着人为因素的不断介入,其独创性的认定上就不能基于创作行为是由非人类完成的事实,来否定人类在整个创作过程中的智力劳动,从而致使非人类直接创作的作品可能满足作品独创性的要求。

"猴子自拍案"当属动物创作方式的代表成果。在猴子自拍案中,摄影师利用猴子自拍的一张照片在美国作版权登记时,被美国版权局以非人类创作为由拒绝登记。虽然该案件是美国判例,但是在我国,相同的创作方式亦无法取得著作权。正如前文关于权利主体的认定上,猴子无法成为我国《著作权法》中的权利主体。但是,该案件没有明确动物创作、指导动物创作与借助动物创作之间的区分。例如,猴子自拍了一张照片、教会猴子如何按快门后拍了一张照片、选好场景角度指示猴子按下快门等不断添加人类劳动的创作方式是否存在不同。换言之,是否只要是动物按下快门就认定该照片是由动物创作的?犹记当年,笔者和同学在讨论人工智能生成物是否构成作品时,某同学提出直击灵魂的一问:为什么人类借助人类的好朋友——灵长类动物们所创作的都不构成作品,而人类利用机器所生成的人工智能生成物还有构成作品的可能?笔者认为,动物创作,准确

---

[1] 美国"猴子自拍案":Naruto v. Slater, United States Ninth Circuit, 16-15469, Decided: April 23, 2018。

[2] 高某等与金色视族(北京)影视文化有限公司等著作权权属、侵权纠纷案,(2017)京73民终797号。

[3] 澳大利亚"计算机自动生成电话号码簿案":Telstra Corporation Limited v. Phone Directories Company Pty Ltd〔2010〕FCA 44。

而言应当是借助动物创作亦有可能构成作品，其前提在于动物的行为可以被任何其他行为所取代，而关乎作品实际独创性的内容是由人类完成的。而借助人工智能创作与借助动物创作的根本区别在于，人工智能本身就是人类智慧成果。人工智能生成作品看似是由机器人独立完成创作，但是实质上是有设计者提前设计了创作的方法，纵使有机器学习的存在，在数据与算法不变的情况下，不同行为人输入相同的指令，其生产结果依旧是相同的。或许有人提问，机器学习就是一个不断优化算法的过程，机器学习可以从外界吸收新的数据从而产生结果的差异性。向外界吸收数据的能力是设计者提供的，而新的数据则是不同环境所造成的，而不同的环境依旧是自然人所提供，因此可以将人工智能机器人的创作看作是设计者与输入者共同创作的结果，设计者提供方法，输入者提供指令。

随机作品是指在创作过程中，创作结果不受创作者意志所控制，具有随机性。例如，我国热气球自动摄影案中关于利用热气球上放置自动摄像机所拍摄的画面。

一审法院认为在气球升空后，对于气球的飞行以及相机的录制，已经无法人为操控，完全处于一种气球任意自由飞行和相机自动录制的状态。在这种情况下，拍摄出来的结果不是源自人的创作行为，不符合作品独创性的要求。但是二审法院认为虽然该拍摄为自动拍摄，但在拍摄的过程中，仍然体现了人工干预和选择，所以拍摄结果仍然具有一定的独创性。那些体现了人工干预、选择并带有明确目的的拍摄，虽然主要由机器自动完成，但只要满足了一定的艺术性，就不能否认其可以构成作品。因此，在照片拍摄、形成的过程中，只要有人为因素的参与，使得人以独创性的方式在拍摄过程中发挥了作用，那么就满足了摄影作品所需的独创性要求，构成摄影作品。因此，作品的独创性对创作者是否对创作成果具有预见性并无明确要求，只需要在人在创作中以独创性的方式发挥了作用。相比于人工智能生成作品，设计者在人工智能机器人的创作阶段已然对其生成内容的方式做出了独创性的创作行为，如数据的选取、算法的设计，以及设计的目标。换言之，不同设计者无法造就相同的人工智能机器人，进而无法获得相同的人工智能生成作品。

计算机创作与人工智能创作一样同属于借助计算机创作的创作方式，但是其区别在于其生成结果是否具有独创性的可能。有学者认为被寄予厚望的"深度学习"，其实质依然是计算："把计算机要学习的东西看成一大堆数据，把这些数据丢进一个复杂的、包含多个层级的数据处理网络（深度神经网络），然后检查经过这个网络处理得到的结果数据是不是符合要求——如果符合，就保留这个网络作为目标模型；如果不符合，就一次次地、锲而不舍地调整网络的参数设置，直到输出满足要求为止。"[1] 具有"学习"能力的人工智能对于同样的数据，其结果具有高度可重复性。[2] 也就是说，"人的学习具有创造性潜能，而'机器学习'只是对人的模仿产生的模仿，即其是在人造的'先天性'上才得到自己的模仿能力。"[3] 但是计算机创作结果是对数据机械的处理结果，具有唯一性，而人工智能生成作品同样是依据数据解决问题，但是基于设计者的编程方式与目的不同，其最终结果亦不相同。换言之，计算机创作与人工智能创作解决的问题类型不同：计算机创作解决的是事实性问题；而人工智能创作则解决的是开放性问题。例如，计算机创作解决的是"一加一等于几"的问题；而人工智能创作可能是"今天吃什么"的问题，也可能是"一加一等于几"的问题。因此，人工智能生成物是否具有独创性的认定应当存在差异。换言之，人工智能生成作品可能具有独创性；而人工智能运算成果仅仅是对数据机械运算的结果，无法满足最低程度的创造要求，因此不具备独创性。

总而言之，在非人类创作行为中，如果是纯粹的动物行为、自然行为或者计算机生成行为皆不属于著作权法中的创作行为。但是如果这些行为

---

[1] 李开复，王咏刚. 人工智能 [M]. 北京：文化发展出版社，2017：83.

[2] 王迁. 论人工智能生成的内容在著作权法中的定性 [J]. 法律科学（西北政法大学学报），2017，35（5）：152.

[3] 周剑铭，柳渝. 两种"两种文化"交汇中的人工智能 [J]. 科学与社会，2018（1）：62；项贤军. 人工智能创作物的著作权问题研究 [J]. 现代商业，2018（29）：160-161.

中蕴含了人类的创造性因素，而这些创造性因素对行为的结果有密切的联系，那么这些非人类创作行为就可以认定为是一种特殊的人类创作行为，只是这种创作行为披上了"非人类创作"的外衣。因此，在讨论人工智能生成物独创性问题上，需要考虑创作行为中人类的参与行为，以及这种行为对生成结果的影响。

二、机器学习技术为人工智能生成物的独创性创造了条件

人类的参与行为致使人工智能生成物具有独创性，具体分为两种情况：一种是无争议的情况，即人类对原始人工智能生成物的后续加工处理行为；另一种则存在争议，即以人工智能生成作品为代表的原始人工智能生成物是否具有独创性。而对于此类原始人工智能生成物的独创性必须回归技术本身，从中寻求人类在机器学习中的独创性劳动。由于人工智能生成作品在独创性方面相比于其他人工智能生成物更具显著性，因而本节以人工智能生成作品为例展开讨论。

（一）人工智能生成作品的独创性论证基础——机器学习

1. 机器学习

机器学习（machine learning）是一门涉及统计学、系统辨识、逼近理论、神经网络、优化理论、计算机科学、脑科学等诸多领域的交叉学科；研究计算机怎样模拟或实现人类的学习行为，以获取新的知识或技能，重新组织已有的知识结构使之不断改善自身的性能；是人工智能技术的核心。[1] 因此，机器学习是利用经验来改善计算机系统自身的性能，其目的在于让计算机系统具有人的学习能力以便实现人工智能。[2] 目前，机器学习有两个重要发展阶段：其一是统计学与机器学习的融合。统计学家具有较强的

---

[1] 中国电子技术标准化研究院. 人工智能标准化白皮书（2018版）[R].（2018-01-24）[2023-09-17]. https://www.cesi.cn/201801/3545.html.

[2] 李德毅. 人工智能导论[M]. 北京：中国科学技术出版社，2020：94.

建模能力，而计算机有较强的计算能力与解决问题能力，两者的结合使机器学习在计算机学习的基础上得以进一步发展。其二是深度学习的出现及发展，即统计学、神经科学与机器学习的融合。因而机器学习技术也是不断发展，以致机器学习的方法多种多样，如监督学习已经发展出数以百计的不同方法。[1] 因此，不同阶段的人工智能生成作品所运用到的机器学习技术存在不同的可能。但可以将机器学习划分为几种类型，按照不同类型的特点分析机器学习阶段中人类独创性劳动之所在。

2. 机器学习的基本原理与功能

数据是机器学习的基础，而机器学习是对数据进行建模。因此，机器学习需要一个数据集，即所有数据的集合。这个数据集拥有不同的样本，每个样本都蕴含各自的属性或特征。而机器学习的任务目标就是从数据集中学习判断不同样本的属性或者特征，进而形成一种模型。当面对一个新的样本时，模型就会做出相应的判断。为了使机器学习到这种模型，研究者提供了不同的解决思路，根据这些不同解决思路提出了不同的机器学习方法。总体上来讲，机器学习是从数据中寻找规律构建模型，实现可以对新样本进行预测。[2]

3. 机器学习的分类

根据学习模式的不同，机器学习分为有监督学习、无监督学习以及弱监督学习。监督学习就是在已知输入和输出的情况下训练出来一个模型，该模型可以对新的输入预测出对应的输出结果。而该机器学习的过程则是通过对不同输入对应的输出结果进行正确与否的标记来对算法模型进行改进。具言之，如果输出结果与预期的正确结果不同，那么就将这个错误信息传回模型，使其得以改进。监督学习是通过学习大量标注训练样本来构建预测模型的，分类标签精准度越高，样本就越具备代表性，进而其学习

---

[1] 李德毅. 人工智能导论［M］. 北京：中国科学技术出版社，2020：97.

[2] 杨梦铎，等. 李群机器学习十年研究进展［J］. 计算机学报，2015，38（7）：1340.

模型的精准度就越高。① 因此，监督学习的缺点在于标签的数量巨大导致的高成本。无监督学习则不需要人类进行数据标注，而是通过模型不断地自我认知、自我巩固，最后自我归纳来实现其学习过程。由于无监督学习缺乏定制的标签，在实际应用中性能有很大的局限性。弱监督学习是对以上两种监督学习模式的融合产物。从数据标记而言，弱监督学习训练集中只有一小部分是有标签的，其余甚至极大部分的数据是没有标签的；从数据监督而言，弱监督学习中数据的监督学习是间接的，即机器学习的信号不是直接指定给模型，而是通过一些引导信息间接传递给模型。弱监督学习不仅可以降低数据标记的工作量，而且可以引入人类的监督信号，在一定程度上提高无监督学习的性能。弱监督学习的标记可能是不完全、不确切或者不精准的，包括半监督学习、迁移学习和强化学习等。

根据学习方法的不同，机器学习分为传统机器学习和深度学习。传统机器学习从一些观测（训练）样本出发，试图发现不能通过原理分析获得的规律，实现对未来数据行为或趋势的准确预测。② 传统机器学习方法的模型结构可以看作带有一层隐层节点或没有节点，因而传统机器学习方法又被称为浅层学习方法。与之对应，深度学习则具有较多的隐层节点，通过逐层特征变化，将样本在原空间的特征表示变化到新的空间，致使分类或预测更为容易。③ 深度学习方法试图找到数据的内部结构，发现变量之间的真正关系形式。大量研究表明，数据表示的方式对训练学习的成功产生很大的影响，好的表示能够消除输入数据中与学习任务无关因素的改变对学习性能的影响，同时保留对学习任务有用的信息。④

---

① 中国电子技术标准化研究院. 人工智能标准化白皮书（2018版）[R]. （2018-01-24）[2023-09-17]. https://www.cesi.cn/201801/3545.html.

② 中国电子技术标准化研究院. 人工智能标准化白皮书（2018版）[R]. （2018-01-24）[2023-09-17]. https://www.cesi.cn/201801/3545.html.

③ 李德毅. 人工智能导论[M]. 北京：中国科学技术出版社，2020：112.

④ 刘建伟，刘媛，罗雄麟. 深度学习研究进展[J]. 计算机应用研究，2014，31（7）：1921-1930，1942.

4.用于生成的机器学习

深度学习的模型大致可以分为判别式模型和生成式模型。判别式模式是将一个高维的感官输入映射成一个类别标签，而生成式模型则是反映数据内在概率分布规律并生成全新数据的模型。简而言之，判别式模型旨在对输入进行一定的区分，而生成式模型旨在生成新的数据。人工智能生成作品则是生成式模型的结果。

在生成式模型中，运用最为广泛的则是Goodfellow等在2014年提出的生成对抗网络（generative adversarial networks，GAN），即通过使用对抗续联机制的两个神经网络进行训练，即生成器与判别器。生成器的输入是一个来自概率分布的随机矢量，而输出是计算机生成的伪数据。[1] 判别器的输入可能是真实数据，也可能是计算机生成的伪数据，而输出则是一个标量，即判别输入的是真实数据还是伪数据。[2] 在训练过程中，生成器不断生成数据去"欺骗"判别器，判别器则不断将伪数据与真实数据区分开来。当判别器无法区分数据来源时，则认定生成器捕捉到了真实数据的概率分布。[3] 换言之，生成器与判别器博弈的结果可以获得一个生成式的模型，而人工智能机器人生成的内容则是基于这个最终的模型。单一的网络模型只能生成具有相同音乐结构特征的片段，很难生成具有其他特征的音乐。[4]

（二）机器学习引发的独创性问题

1.传统机器学习与深度学习中的独创性问题

机器学习是人工智能生成作品与纯粹的计算机生成的内容在独创性判定产生区别的主要因素，换言之，由于机器学习中人类的个性化创作致使人工智能生成作品具备了独创性的可能。虽然根据机器学习的学习方法不

---

[1] 李德毅. 人工智能导论［M］. 北京：中国科学技术出版社，2020：127.
[2] 李德毅. 人工智能导论［M］. 北京：中国科学技术出版社，2020：127.
[3] 李德毅. 人工智能导论［M］. 北京：中国科学技术出版社，2020：127.
[4] 景宇阳. 基于乐谱识别的深度学习算法作曲系统［D］. 南京：南京艺术学院，2020.

同，机器学习被划分为基于统计学的传统机器学习和基于人工神经网络的深度学习，但是两者在独创性的认定上应当予以趋同。机器学习是模拟和实现人类学习的行为，包括获取知识、改变自身模型提高自身性能，而传统机器学习与深度学习的区别亦体现在这两个方面。

在获取知识方面，传统机器学习往往利用带有标记的数据，基于人工定义的特征建立机器学习系统。换言之，具备传统机器学习能力的人工智能机器人的知识获取方式基于人工定义的特征数据。具备深度学习能力的人工智能机器人的知识获取方式并非直接来自人工定义的特征数据，而是基于人工对特征的定义由人工智能机器人自行获取与特征对应的数据。换言之，深度学习亦需要进行特征提取或对特征进行定义，如利用深度学习生成图像[①]、文本[②]、舞蹈[③]等。因此在获取知识方面，无论是传统机器学习还是深度学习，皆需要人类对数据进行一定的处理，可以是直接标注或者是划定一个范围。

在模型构建与自身性能方面，虽然深度学习相比于传统机器学习有了更多隐层节点，但是只能体现其模型构建能力的强大，对新的数据的预测或者分类更加准确，无法从独创性角度予以分辨人类的创造性劳动有何不同。换言之，深度学习与传统机器学习在模型构建方面都基于设计者的算法而形成，只有模型优劣之分。独创性的认定只需满足一定程度的创造性即可，因而只要传统机器学习的人工智能生成作品能够达到一定程度创造性，即可认为机器学习可以使人工智能生成的内容具有一定的创造性。

总而言之，人工智能生成作品的独创性问题不应该以深度学习为前提。

---

① 王宇昊，何彧，王铸.基于深度学习的文本到图像生成方法综述[J].计算机工程与应用，2022，58（10）：50-67.

② 孟志刚，吴云伟，姜宇杰.基于深度学习的财务机器人自动撰文场景研究[J].长沙大学学报，2021，35（2）：9-14.

③ 孔珊珊.基于深度学习的机器人舞蹈自动生成研究[J].自动化与仪器仪表，2022（4）：237-240.

无论是传统机器学习还是深度学习,在机器学习过程中的创造性劳动是一致的,因此在独创性的认定上应当予以趋同。

2. 生成对抗网络引发的独创性问题——机器学习过程中生成的内容

生成对抗网络中的生成器可以基于概率分布的随机矢量生成伪数据,而这些伪数据是否具有独创性?申言之,在监督学习的训练过程中,若输出结果与预期的正确结果不同,那么这个需要被传回模型的错误输出结果是否具有独创性?换言之,机器学习训练过程中生成的内容是否具有独创性?

生成器生成的伪数据即使具备一定的"创造性",也无法构成著作权法中的作品,因而没有对其独创性进行讨论的必要。其原因在于生成器生成的伪数据是直接作用于判别器,其内容并没有以某种形式固定下来,无法构成著作权法中的作品。但是其内容若被固定下来,则表明其学习结果已经完成,可能是训练完成最终模型生成的结果,也可能是训练过程中所生成的"阶段性"结果。由于是否具有独创性这一问题只有两种结果——有或者没有,不存在具备一定独创性的可能。因此,训练过程中生成的内容应当与人工智能生成作品的独创性认定相一致。

此外关于伪数据还涉及"随机生成"的问题。对于随机创作的独创性认定,有学者认为"无论有没有自然人的参与,随机形成的结果本身都不具有独创性"[1]。对此笔者并不赞同,由于前文已有论述在此不予赘述。值得一提的是,有些学者提出:"在人工智能技术中引入了随机算法之后,人工智能创作的输出结果具有了盖然性和不确定性"[2],"人工智能的随机算法虽然使得其生成内容客观上充满'个性'"[3],"随机生成不同风

---

[1] 宋红松.人工智能生成数据的知识产权问题[J].知识产权研究,2020,27(1):13-29,305.

[2] 宋红松.纯粹"人工智能创作"的知识产权法定位[J].苏州大学学报(哲学社会科学版),2018,39(6):50-56,199.

[3] 陈虎.论人工智能生成内容的可版权性——以我国著作权法语境中的独创性为中心进行考察[J].情报杂志,2020,39(5):149-153,128.

格的文字作品"[①]等。笔者认为，虽然在训练过程中存在固定生成器训练判别器或者固定判别器训练生成器，但是最终求一个最优解[②]，即训练最后形成模型是固定的，而同一模型的求解也必然相同。因此，不存在同一模型随机生成不同作品的可能。

3.人工智能生成作品中人类的独创性劳动

人工智能生成作品在创作方式上与动物创作、随机创作等一样，具有表面上不是由自然人创作的特性，但是不能以其不是由人类直接创作而否定其具有独创性。目前，人类在创作中大多都运用到了工具与自然。例如，书法作品是人类运用毛笔进行创作，而创作中墨水在宣纸上附着取决于作者如何使用毛笔，使用什么样的毛笔、宣纸、墨水。其一，毛笔、墨水、宣纸其本身具有各自的属性特征，在一定程度上影响墨水浸染的方向，如墨水的浓稠程度、毛笔的毛是什么材质、宣纸的吸附能力。其二，创作过程墨水从毛笔向宣纸中浸染是基于自然科学，不受人类意志所转移。其三，人类结合自身经验运用毛笔创作，致使墨水的附着尽可能地接近心中所想，即利用自身经验使表达尽可能地接近作者自身的思想。其四，当表达结果与作者心中思想不匹配时，该作品虽然具有独创性，但是极有可能因无法进入公众视野而丧失其社会性。总而言之，人类利用工具创作包含了人类对工具的选择、对利用工具创作原理的理解、对工具的控制，以及对结果的认可。而人工智能生成作品的创作在这三个方面皆有体现。

一是人类对人工智能机器人的选择。人工智能机器人作为人工智能生成作品的表面创作主体，其自身的模型构建是不同的。因此，人类用不同人工智能机器人进行创作，生成的人工智能生成作品亦有所区别。二是人类在模型构建中的劳动。在以往利用工具创作中，对工具创作原理的理解

[①] 喻国明，侯伟鹏，程雪梅."人机交互"：重构新闻专业主义的法律问题与伦理逻辑[J].郑州大学学报（哲学社会科学版），2018，51（5）：79-83，159.

[②] 王坤峰，苟超，段艳杰，等.生成式对抗网络GAN的研究进展与展望[J].自动化学报，2017，43（3）：321-332.

是单纯基于自然科学，而人工智能机器人的创作原理是人类利用自然规律人为设计的，是设计者利用机器学习技术完成的模型构建。其具体的独创性劳动包括数据选择、特征提取或表示、算法选择。三是人类在机器学习中的训练。人类对模型的训练过程实则是对人工智能机器人的控制，以及对生成结果的价值判断，是人类对表达结果不断向思想靠拢的过程。训练是否完成虽然在是否具有独创性问题的判断上并不存在影响，但是对生成的结果是否赋予社会性具有重要的意义。值得一提的是，增量学习或在线学习在机器学习中的应用，使得数据流融入机器学习的运算过程中。[①] 换言之，受大数据技术的影响，使用者的数据流也可用于机器学习的过程中。因而人工智能机器人的模型可能处于一种变化的状态。这种个性化的训练结果将导致输出结果的不同。

因此，机器学习过程中人类的独创性劳动可能致使其生成的结果产生差异，而产生这种差异的原因是基于人类的创造性劳动，两者之间存在一定的因果关系。

三、人工智能生成物的独创性

人工智能生成物在独创性判断标准上，存在"以作者为中心"的主观标准与"以作品为中心"的客观标准之分。"以作者为中心"的主观标准强调作者的内在个性、创作意图；而"以作品为中心"的客观标准则强调，以普通读者视角下"作品"的外在表达是否与现有作品存在显著差异，甚至仅仅是"最低程度的创作"。对于现有的作品，无论基于哪种独创性判断标准，都可以得出较为统一的答案。但是在人工智能生成物的独创性判断上，仅仅采用一种判断标准往往得出不同的结论。笔者认为，人工智能生成物的独创性标准需要借鉴两种不同的标准要求，寻求人工智能主客观相统一的标准。

---

① 岳永鹏. 深度无监督学习算法研究 [D]. 成都：西南石油大学，2015.

（一）"以作者为中心"的主观标准

"以作者为中心"的主观标准是基于作者权体系的作者中心主义的结果。作者中心主义是法国大革命的产物，《法国著作权法》将作者神圣化，作者因其"创造者"的身份而独享占有权。这种作者中心主义的体系给予作者更多的保护，对作者非物质性权利的保护是其他版权体系难以企及的。[1]作者中心主义的内在价值有三个层面：其一，作者是作品的创造者；其二，作品是作者人格的体现；其三，著作权是自然权利。[2]继而在独创性标准认定上，强调作者的身份、个性、创作意图，认为该智力成果需要同时满足"源于作者"与"最低程度的创造性"，才能被认定具有独创性。[3]

1. 从自然人创作视角分析人工智能生成物的独创性

作者中心主义认为作品的创作必须由人类独立完成，人类作者是作品的唯一来源，因而其独创性源自人类的智力活动。其他智力活动所产生的结果不具备独创性，如动物的创作（以猴子自拍为经典案例）。若以此为基准，人工智能生成物显然不是人类智力活动的结果，继而不具备独创性。在人工智能创作之前的传统的作品创作中，作品的内容完全依赖于作者，进行创作行为的也都是自然人。而人工智能生成物是由机器直接生成的，从表面上看，人工智能取代了人类的智力活动。基于前文非人类创作的阐述，当人类的智力活动对创作的结果有决定性的密切联系，那么非人类创作的成果亦具有独创性。因此，矛盾的焦点转移到人类的智力活动是否对人工智能生成物有决定性的作用。

---

[1] Ginsburg J C. A Tale of Two Copyrights: Literary Property in Revolutionary France and America [J]. Tulsa Law Review, 1990（64）.

[2] 林秀芹, 刘文献. 作者中心主义及其合法性危机——基于作者权体系的哲学考察[J]. 云南师范大学学报（哲学社会科学版）, 2015, 47（2）: 83-92.

[3] 王国柱. 人工智能生成物可版权性判定中的人本逻辑[J]. 华东师范大学学报（哲学社会科学版）, 2023, 55（1）: 133-142, 205.

人工智能创作相比于传统的计算机生成而言具备"创造力"的根本原因来自深度学习。而在深度学习中，设计者对数据的选取、算法的运用、特征的选择以及在训练中的标注，对于人工智能的智能程度与表达有着决定性的作用。数据、算法与算力作为人工智能的三要素，极大程度影响了人工智能技术的发展速度和程度。数据是所有训练素材的来源，是人工智能创作的基础。算力是处理数据、学习数据的能力。算法决定了运用这些数据构建模型和规则的方式方法。因此，设计者对训练数据的选取，以及算法的运用和设计，对人工智能机器人的特性有着决定性的作用。而设计者对特征的提取、数据的标注行为，则使得人工智能生成物表达"与众不同"。换言之，不同的特征提取或者是数据标记会直接影响生成的内容。此外，数据内容也将决定人工智能生成物的表达。人工智能是对人类智力活动的模仿与执行，因此人工智能训练的数据与人工智能生成物在内容的表达形式上，是趋于一致的。例如，设计为写诗功能的人工智能不会用莫扎特的曲谱训练，除非重新进行功能设计和数据训练。

目前的人工智能机器人是缺乏自主性的，因此在人工智能创作中，使用者的输入行为是必不可少的一环。基于前文对劳动财产理论的新理解，使用者的输入行为致使人工智能生成物真正从"共有"领域中分离出来，从而获得财产权保护。使用者输入的内容对于人工智能生成的结果也有决定性的影响。换言之，人工智能生成物的内容是基于使用者输入的内容，根据人工智能模型所"运算"出来的结果。使用者输入的内容与人工智能生成物的内容，存在一定的因果联系。使用者通过人工智能机器人进行创作，在输入内容时对生成的内容存在一定的预期。人工智能机器人生成的内容完全满足使用者的预期，则属于前文所提及的人工智能生成作品；其生成的内容部分满足使用者的预期，则构成人工智能智慧产物；其生成的内容完全脱离使用者的预期，则是人工智能生成废物。使用者对于生成的结果可以决定寻求私权保护，或者不予使用放任其回归"共有"领域。

2. 从人格视角分析人工智能生成物的独创性

作品是作者人格的延伸，因此作品需要体现作者独特的个性选择与个性表达。作品是作者表达自由的体现，而人工智能生成物被认为不具有独创性的原因之一就在于，人工智能生成物不体现任何人的人格或者个性。这一结论又是从自然人创作为锚点延伸而来，即因为没有自然人对人工智能生成物的表达进行直接的影响和控制，所以无法证明这些表达要素是反映了哪一主体的个性要求，继而无法据此来论证人工智能生成物的独创性之所在。

事实上，从人工智能与其设计者的关系来讲，人工智能是设计者的人格表达的体现。不论是从软件语言上，还是最终的功能方向上，人工智能承载着设计者的人格属性。设计者的人格属性主要表现在其对人工智能算法和功能的设计上，这一劳动使其对人工智能生成物这一最终的劳动成果，具有最宽泛程度的控制和预期。此外，人工智能生成物还在一定程度上体现了使用者的人格属性，即使用者在输入一定的指令或内容时，也对最终的输出结果做出了其能够做到的控制与预期。从这一概念上来说，人工智能生成物，虽然确实并未直接体现设计者与使用者任何单独主体的个性选择和表达，但人工智能这一中间媒介将二者的人格属性结合到了一起。换言之，人工智能生成物最终对设计者与使用者人格的体现都是间接的，最终的个性表达是经过双方的个性选择转化而融合在一起的，这就是人工智能生成物的人格属性所在。

总而言之，人工智能机器人作为计算机软件作品，其基于设计者人格衍生的人格属性，不足以构成人工智能生产物的权利主体；而人工智能生成物中体现了设计者与使用者不同程度的人格属性，这一人格属性是糅杂的、相互作用的集合，经过一定的"化学反应"，最终获得了人工智能生成的各种表达。

3. 从自由意志视角分析人工智能生成物的独创性

人具有自我意识与自由意志，因而其在创作过程中存在一定的目的性。作者的创作意图体现在整个创作过程中，无论是对作品的框架还是表达，都是在创作意图的支配下完成的。① 正如"人非鱼安知鱼之乐",人类无法证明其他个体具有创作意图,最具代表性的则是动物创作问题。如前文所述,纯粹的动物创作因其没有创作意图丧失独创性,但是人类独创性的安排、训练之下,动物的行为的结果在一定程度上是在人类的掌控之中,此时的"动物创作"实则是人类利用动物的特有属性(爪子的形状、机械的动作等)进行创作的结果。这种创作理应具有独创性,如人类利用星形状模具画的一幅满天繁星图。

人工智能生成物的独创性判断需要分两种情况:一种是纯粹的人工智能创作;还有一种是被赋予人类创作意图的人工智能创作。

纯粹的人工智能创作是指,人工智能生成物的创作过程完全没有人类参与。换言之,人工智能生成物的创作是由人工智能机器人自主的创作行为,无须人类进行"输入指令"的行为。从技术角度而言,能够进行自主创作的人工智能已然属于强人工智能的范畴,目前自主性人工智能技术尚未问世,并且在未来很长一段时间无法实现,因此不在本书的讨论范围之内。前文提及的机器学习中运用的生成对抗网络技术进行训练时,生成器生成数据的过程具有一定的自主性,即生成器生成的内容的意图是用来"骗"判别器的。针对这些生成的内容是否具有独创性的问题,前文已从该内容"未固定"的角度予以否认,但是从创作意图角度则更能说明其不具备独创性的原因。

被赋予人类创作意图的人工智能创作是指人类利用人工智能进行创作的行为,其表现在于人类对人工智能输入了文字、语音、图片等数据的指令。这些指令的信息中就蕴含了人类的创作意图。一方面,人类对于生成结果的内容形式有一定的预期,如人类在运用人工智能技术创作时知道其生成的结果是文字、图片、音乐等作品的表达形式;另一方面,人类对于生成结果的内容范围和大致方向有一定的预期,如生成结果的内容是关

---

① 王国柱. 人工智能生成物可版权性判定中的人本逻辑[J]. 华东师范大学学报(哲学社会科学版),2023,55(1):133-142,205.

于什么主题的，与其输入的指令密不可分。但是输入的指令对于生成的内容如何表达是无法精确控制的，因此人可能并不能对具体的表达存在精确的创作意图。换言之，若严格遵循"以作者为中心"的主观标准，人工智能生成物或因缺乏作品如何表达的创作意图而丧失独创性。

输入指令的人虽然对生成的内容是如何表达的并不清晰，但是对于现有作品，尤其是与科学相关的作品，如何表达亦不需要十分明确。例如黑洞照片，其创作意图在于科学家想要拍摄黑洞照片，而其表达则基于数据分析处理得出。在照片未生成前，科学家本人只能通过已有的理论知识和模型计算出黑洞的大致模样，对于照片的具体内容和表达也无法确切得知，但这并不影响黑洞照片成为作品。由此可知，创作意图与作品之间的对应关系并不一定是明确、具体、一一对应的。创作意图与创作结果可能会存在一定的偏差，例如，画家在创作之初有一定的自主意识要画什么样的画，但最终呈现的作品可能与其最初的意图有所区别。并且，画家在创作过程中，甚至是创作完成后，创作意图也是在不断变化的。因此，创作意图可以是笼统的创作意识，即创作者知道自己正在进行创作；创作意图也可以是创作意志的体现，即创作者明确地控制自己创作的具体方向和表达形式。以此应用到人工智能生成物的创作意图问题上，可以很明显地看出，人工智能的设计者对于人工智能生成物的表现方式有所预期，并且能够通过一定的训练和调整，使人工智能生成物与自己的预期更加接近。这是设计者在人工智能生成物一定程度上的创作意志的体现。使用者对于人工智能生成物的最终表达也具有一定的预期和控制，因此人工智能生成物也包含使用者的创作意识与创作意志。当然，这一创作意志可能要弱于设计者。

（二）"以作品为中心"的客观标准

与"作者中心主义"背道而驰的是"以作品为中心"的独创性判断的客观标准。有学者认为，独创性的判断要从纯客观的表达形式中的创造性来判断，抛却有关创作主体、创作意图等与"人"有关的因素。这些与"人"

有关的要素的理解归根结底是权利归属的问题,与独创性并非同一命题。①因此,人工智能生成物的独创性判断标准,应当向客观化的判断标准倾斜,从形式上考察人工智能生成物是否与现存作品表达一样,以及是否能够解读出符号意义上的"最低限度的独创性"。②

通说认为,独创性的含义包括作者"独立创作"和"最低限度的独创性"两个内涵。前者强调的是作者独立完成该作品,而非对前人作品的简单复制。简而言之,独创性要求作品承载作者独立的人格属性和个性表达。这一理解实则是从主观和客观两方面解释了独创性,即特有的人格属性+与现有作品存在差异的客观表达。在人工智能生成物的独创性判断中,以这一传统的理解为基础,只能得出前述的"即使人工智能生成物在客观上与现有作品存在差异,也不具有人格属性,无法确定其客观表达是由何人来决定和支配"的观点。而以作品为中心的客观判断标准也会导致一定的问题。

第一,当独创性判断摒弃了人格属性的主观判断要素,作品的权利归属问题就将成了无源之水,无本之木。虽然说作品的权利归属是独立于作品客体问题的主体问题,但独创性的人格要素为权利归属问题提供了推论的逻辑基础,为权利归属的确定奠定了人格理论上的逻辑起点。

第二,独创性判断摒弃人格要素,判断标准将会滑向"读者中心主义"。读者中心主义来源于西方结构主义思潮。这一理论认为,文本是独立于作者而存在的系统,文本的含义是由语言系统赋予的,读者基于语言系统理解到的文本的含义和深层的结构,可能与作者想表达的含义并不相同。作者是谁并不影响文本的理解和话语的流传。③以此延伸到著作权法中的观点认为,作品独创性的判断不以揭示作者身份为前提,作者身份不再是作

---

① 乔丽春. "独立创作"作为"独创性"内涵的证伪 [J]. 知识产权,2011(7):35-38.
② 易继明. 人工智能创作物是作品吗 [J]. 法律科学(西北政法大学学报),2017(5):139.
③ 巴尔特. 作者之死 [M]. 怀宇,译. 天津:百花文艺出版社,2005:307.

品受保护的构成要件。① 这一观点可谓是为人工智能生成物量身打造的独创性判断标准，毕竟根据作者中心主义，人工智能生成物不构成作品的主要原因在于作者身份和人格属性的疑问。

笔者认为，独创性判断采取纯客观标准并不可取。虽然随着作者与著作权人联系的逐渐割裂，作者逐渐成为一种创作事实的记录与描述，更多地体现为一种身份的认同和价值的确立，即作者越来越商标化、符号化。② 作品的实际市场收益也会越来越多地流向投资者而不是流向作者，作者也逐渐成为，最终的著作权利益享有者确保其在利益获取上具备合法性的工具。③ 这种作者地位的淡化现象实际上并不利于著作权的创新激励效果。此外，读者中心主义所带来的独创性客观判断标准，在实质上与功利主义的观点相符。我国著作权法虽然借鉴了两大法系所长，但在作者学说的体系上更加偏向于大陆法系的作者中心主义。并且，独创性客观判断标准的适用，会导致在作品构成要件的判断环节中得出肯定的答案，再在权利主体的判断环节中引入"人"的主体要求，否定人工智能生成物的作品属性。这一判断存在逻辑上的瑕疵，并不能完全地揭示人工智能生成物的保护的本质。

（三）人工智能生成物独创性判断标准之主客观相统一

笔者认为，人工智能生成物的独创性，并不会因为作者中心主义下的独创性判断标准而被否定，不能为了寻求人工智能生成物的作品保护而走向纯客观的独创性判断。我国著作权法体系采取的是主客观相统一的标准，认为作者仅指自然人，"非自然人"的权利主体只能被"视为作者"，智力活动也是独属于自然人的，独创性是专属于自然人的创作型思维在作

---

① 徐小奔. 论算法创作物的可版权性与著作权归属［J］. 东方法学，2021（3）：49.

② 刘文献. 从创造作者到功能作者：主体范式视角下著作权作者中心主义的兴与衰［C］//周赟. 厦门大学法律评论：第二十八辑. 厦门：厦门大学出版社，2016：84.

③ 徐小奔. 论算法创作物的可版权性与著作权归属［J］. 东方法学，2021（3）：49.

品中的表现形式。因而有观点将其解释为，创作型思维是否独属于自然人的主体性判断，成为算法创作物能够接受独创性检验的前提条件。[1] 在这一逻辑中，似乎主体问题和客体问题放在同一环节中进行讨论，且不分彼此了。

对此，笔者认为，在独创性判断中考察作品的人格属性和个性特征并非主体问题的讨论。独创性中的"独立创作"并非对主体问题的深究，而是在法律预设自然人为作者的前提下，考察某一对象是否承载某人的意志和思想而成其为自身的延伸。这一判断是对特定对象中是否含有智力劳动的判断，而主体的问题讨论的则是该智力劳动归属于谁的问题。前者是是非题，后者是在是非题的基础上寻求特定的解。这一推论逻辑是阶梯式、递进式的。若从在独创性判断中给出了肯定的答案，而又通过后续的主体判断中以没有主体来否认前置逻辑，这才会产生逻辑断层。

诚然，一方面否定人工智能的创造性从而否定其生成内容的可版权性，另一方面又变相承认该生成内容具备作品的外观而能够对其进行独创性评价，这一思路在主客体一致性标准的裁判逻辑上产生了"悖反结论"。[2] 在主客观相统一的独创性判断中，人工智能生成物的判断应当确认其是否因某人的智力劳动而产生。只要有人为该生成物付出了智力劳动使其诞生，并且其外观具有创造性，与其他现有的表达具有最基本的差异性，那么完全可以进入主体判断的环节来确认权利归属。如前文所述，人工智能生成物的人格属性，来源于人工智能的设计者与使用者的创作意志和创作意识的结合，并非单个的自然人对人工智能生成物贡献了智力劳动，而使其客观表达具有创造性。

---

[1] 徐小奔. 论算法创作物的可版权性与著作权归属[J]. 东方法学，2021（3）：49.

[2] 吴汉东. 人工智能生成作品的著作权法之问[J]. 中外法学，2020（3）.

四、人工智能生成作品与人类作品的不同创造性标准

在确定人工智能生成物具有独创性，能够作为作品被保护时，还应当考虑人工智能生成物是否执行与人类作品相同的独创性判断标准。

人类作品的现行独创性标准确立于美国 Feist v. Rural 一案。法院否定了此前一直使用的"额头流汗"标准，即只要人付出了一定的时间和劳动在其之上，那么就可以认定为具有独创性，确立新的"最低限度的创造性"这一标准，认为一项作品能够被版权法所保护，前提是其具有最低限度的智力劳动，具有一点点新的思想火花。这一标准被多国广泛沿用，包括我国目前在著作权侵权判定中，也以此标准来判断涉案对象是否具有独创性。

"最低限度的独创性"标准不仅仅意味着人的最基本的智力劳动的参与，还意味着著作权法的保护不以作品的价值高低为条件。任何智力劳动，不论其形式、多少、难易，都被著作权法同等地认可和保护。著作权保护不要求文学艺术作品具有多高的审美价值，也不要求其具有多么高超的技艺，而技艺的高低与独创性的高低实际上也不存在必然的关联。这一原则是对创作的同等尊重。审美价值的高低不影响权利保护的强弱，但影响其市场收益。优秀作品的筛选是依靠市场竞争机制来实现的，法律制度只提供最基础和最普遍的保障。

如前所述，人工智能生成物具有独创性，如果其形式符合著作权法要求，并进行有形的表达和固定，那么能够获得著作权的保护。然而从最低独创性的标准出发，人工智能生成物可能会导致目前作品市场的良性竞争被破坏。第一，人工智能生成物的创作过程与人类创作过程终究有所区别。人工智能不知疲倦，在为其充分提供能源和硬件的基础上，它可以无休止地进行内容输出的工作；而人类创作的精力、灵感和机会条件是有限的。因此，人类作品的繁荣依靠人类的种群智慧，人工智能生成物的爆炸则依靠算力和能源。第二，人工智能创作的速度远远快于人类创作。人类在行动力、大脑算力以及计算速度上远远不如机器。二者在创作条件、创作速度上的区别，将导致人工智能生成物的数量爆炸式地入侵作品市场。从审

美价值上而言，虽然人工智能生成物中拥有较高价值的作品比例也不会太多，但只要是符合作品构成要件的表达都能够获得作品的保护，势必会对人类创作空间产生挤压，并且对作品竞争市场产生不良影响。第三，目前市场上已经出现大量人工智能生成的文字、视频、音乐等，而公众无法对其进行区分，且其质量和内容参差不齐，有些甚至含有部分或大量虚假内容，发布者也不会对其内容进行严格的审核，导致人工智能生成物抢占公众视线，容易造成"内容圈地"的局面，人工智能使用者以极低的成本获得了与人类作品同等的保护，同时导致二次创作的空间急剧缩小。

因此，笔者提出在对人工智能生成物提供著作权保护时，其权利种类和权利范围、权利的限制都与人类作品的著作权有些许的不同，且应当适用与人类作品不同的独创性判断标准。由于上述人工智能创作的快速、量大、成本低等特征，笔者认为人工智能生成物的著作权保护应当要求其在客观上具有更高的创造性。人工智能生成物应当满足更高的创造性标准才能够被认定为人工智能生成作品，获得著作权的保护。

人工智能生成作品应当符合的创造性的判断标准主要有两点：第一，作品的完整性。人工智能生成物五花八门，由于算法和学习数据的问题，在人类读者的视野中可能不具有客观上的完整性。这一客观上的完整性是指作品的观赏完整性。例如，人工智能生成的画作应当具有一定的清晰度，不影响读者对其进行整体的观赏。第二，作品的基本逻辑。对于文字作品、视听作品等形式的作品，可以要求其具有基本的逻辑上、语义上的通畅，以大众读者的知识水平和鉴赏常识能够理解为基准。第三，作品的基本长度。可以对人工智能生成作品规定相当的长度，尤其是在音乐作品、文字作品、视听作品等作品类型上。如果不具有一定的长度，以人工智能的创作效率，二次创作和公共领域都将受到人工智能表达圈地的影响。这一高标准的保护要求能够通过排除掉大量的不具有完整欣赏价值、借鉴价值，以及不具有前后完整性的人工智能生成的内容片段，来筛选出值得著作权法排他性保护的作品，使得私益保护和公共领域的让渡达到应有的平衡状态。此外，并非所有的人工智能生成物都能作为人工智能生成作品获得著作权的排他保护，能够在一定程度上激励人工智能生成技术的进步，促进更接近人类智力活动的人工智能的开发，并激励人工智能使用者对生成数据的"挖掘"和"筛选"工作，以期更好地为二次创作提供创作基础，丰富人类的审美对象，而不是挤压二次创作的空间和机会，降低人类审美水平。

第四章 人工智能生成物的著作权保护构想

在理论上回应人工智能生成物之后，还需要构建相应的制度对人工智能生成物予以制度安排。在明确人工智能生成作品应予以著作权保护并适用于高标准的独创性判断标准后，那些客观上满足人类独创性，但没有满足人工智能生成作品独创性的人工智能生成物，将被遗留下来。这些有价值的信息，即前文的人工智能智力成果，是否可以通过其他途径予以保护值得探究。

第一节 人工智能生成物的分类规制构想

在不同时代的人工智能生成物中，相关主体赋予的劳动价值也处在不断变换之中，若以单独的保护标准则无法达到合理的利益分配。对于早期的人机交互人工智能生成物，人类的智力创作劳动占据主导地位，而人工智能往往仅是一种高级工具存在，此类的人工智能生成物往往以人类作品予以保护。即便如此，其生成物的独创性也参差不齐，适用同一保护标准可能有失公平。人工智能生成物的多样性，致使对其进行单一的保护模式会显得"捉襟见肘"。因此，对其采取分类并予以多角度的保护模式更具科学性与合理性。如前所述，人工智能生成物的独创性标准应当更高于人类创作作品的独创性，如此一来，势必会出现表1-1中的符合人类独创性标准的"人工智能智力成果"和无独创性的"人工智能运算结果"。分类保护是基于两种独创性标准将人工智能生成物划分为不同类型，并对不同类型的人工智能生成物实施不同的制度安排。通过不同的制度安排，达到不影响社会利益平衡的效果。

一、著作权法下人工智能生成物的内在划分

人工智能的发展是技术革命的过程，在此过程中人工智能生成物的特性和种类亦有着翻天覆地的变化。一方面在于人工智能生成物的表现形式繁多。例如，可以是一首诗歌，也可以是一首乐曲。另一方面在于人工智能生成物的内在创造程度的增加。例如，利用人工智能进行语言上的翻译，早期的翻译成果需要人类的大量修正工作，方能达到语言准确、便于理解的程度，否则其翻译结果容易出现语言逻辑混乱、无法理解的问题。而经过机器学习的人工智能的翻译成果对人类再次劳动的需求愈发减少，在某些方面已经可以等同于人类修正劳动的翻译结果。因此，人工智能生成物之间已存在类型化的区分，而在同种人工智能生成物之间又存在创造程度上的区别。

（一）人工智能生成物的纵向对比

相比于人工智能生成物，人工智能是生成人工智能生成物的方法。换言之，利用人工智能技术进行创作性活动，可以看作是人类利用人工智能方法解决问题的过程。随着人工智能技术的变革，人工智能解决的问题也愈加复杂化。早期的人工智能立足于经典的人工智能方法，以生成机械的运算成果来解决人类提出的问题。随着人工智能技术的进步，人工智能逐渐为更复杂、更开放的问题给出答案，并且该答案充分体现了设计者解决问题方式的个性化。例如，同样是"今天晚上吃什么"，不同设计者设计

的人工智能会给出不同的答案。

从纵向来看，在人工智能技术发展的分水岭中，对著作权制度而言有研究意义的分水岭就是深度学习技术。深度学习技术的应用是机器人对人类智能模仿能力的一大革新，而其对于人工智能生成物产生的影响也是划时代的。不具备深度学习算法的软件对人类的客观表达的识别与对应是线性的，输入结果和输出结果之间的对应关系是固定的。不论是程序设计者还是使用者，对这种对应关系应当是极力促成、心知肚明或者是有明确预期的。而具备深度学习能力的计算机程序能够实时地对数据经验进行学习和总结，来构建一定的预测模型，为人类解决问题提供一定的预测结果，并且能够通过对更多的数据样本（经验）的学习来改善预测模型，使得其输出的预测结果更加准确、更具有逻辑性，且这一预测过程是一步到位的，其逻辑过程是不显于外的。深度学习在文艺创作方向应用的原理，可以概括为对人类已有的作品的表达符号的拆分、定义和学习，总结并更新这种表达符号的组合逻辑和方式，从而输出以相似方式组合的表达符号。这一类计算机程序的输入结果和输出结果之间的对应关系是时刻且随意变动的，人工智能机器人根据人类输入的数据和交流互动的信息来不断更新其内部的符号对应模型。因此，决定其生成内容的并不仅仅是设计者的源代码，更多地受到后续学习所用的数据的影响。设计者对人工智能机器人的生成内容具有一定的设计预期，但只能在一定程度上控制其生成内容的类型。换言之，在每一次输出之前，设计者和使用者都无法完全预料人工智能的输出结果，人类对人工智能机器人的学习训练只是对输出内容进行的大方向上的把控。

从人工智能程序的纵向对比来看，深度学习对程序输出内容的影响在于使其不受设计者的预期限制，且变得不具有可解释性。如前所述，这是经深度学习输出的人工智能智力成果B，与无深度学习应用而输出的智力成果A的差异所在。这一差异也正是人工智能智力成果B的创造性来源。故而，在纵向的坐标上，深度学习技术为人工智能生成物自然地划定了分界线，即纯粹的人工智能生成物具有创造性可能性：从技术实现的理论上而言，无深度学习算法的人工智能程序的生成内容在缺乏人类后续修改创作时，不具有创造性，因为其只是对事实的统计或对数据的运算结果。在加入了人类的创作或修改后，基于这类人工智能生成物而得来的衍生作品理所当然地能够构成作品，并且权利归属于后续创作修改者。而基于深度学习算法的人工智能程序的生成内容即便在无人类后续加工的情况下，也能在客观上符合"创造性"的要求，即它并非事实的客观表达，也非数据运算的结果，而是人工智能算法在经过一系列神经元的参数和模型互动后得出的"新内容"。这些内容与现有的表达存在基本的差异，可以被认为是拥有"最低限度的创造性"。从著作权法理论的角度来讲，它存在被纳入著作权制度进行规制的基础，但由于其生成过程的特殊性，其独创性、权利归属与制度安排并不能与前者完全相同。

（二）人工智能生成物的横向对比

人工智能生成物的纵向对比与技术的革新有关，而其横向对比则单纯是从生成物本身的特征角度来进行。前者是从技术理论和技术实现效果预期的角度，推论出无深度学习算法的人工智能的生成物，必须在依赖人类后续修改创作的基础上才能够具有独创性，成为作品受到保护。基于深度学习算法的人工智能的生成物在生成时就至少具备客观上的创造性，这是由深度学习算法的特征所决定的。

然而在事实上可能并非如此理想，人工智能生成物的创造性可能是参差不齐的。深度学习算法能够提高人工智能的智能上限，但不能提高其下限。在学习数据量较少的时候，深度学习人工智能的智能程度和输出结果的表现甚至稍有不如经典的机器学习算法。如前所述，深度学习的人工智能生成物的创造性甚至不如传统机器学习人工智能的生成物，更有甚之，深度学习的人工智能生成物也可能存在逻辑硬伤或审美缺陷，并不具备文艺作品意义上的欣赏价值和市场价值。

但著作权理论并不以欣赏价值、市场价值、审美认同等作为权利保护的标准，基于深度学习算法的人工智能生成物并不能因此而被否定在著作权框架中讨论的可行性。相反，为人工智能生成物设定作为作品的更高著作权保护标准，便能解决这一问题。通过统一的客观创造性标准，即可将类型繁杂多样、技术应用不具有可解释性的深度学习人工智能生成物，进行进一步的划分，从而为分类的保护机制构建合理、科学的分类标准。

总而言之，人工智能生成物在类型上、技术应用上、结果特征上存在差异，在创作过程中不断取代人类劳动，并且在解决问题的角度呈现从机械运算到个性化的发展趋势。通过人工智能的横向与纵向对比，可以得知人工智能生成物的种类与质量参差不齐，人工智能生成物之间的巨大差异，容易导致单一的法律制度无法对其进行全面的、平衡的规制。而根据前文所提出的对人工智能生成物获得著作权保护的较高创造性标准，必然会有一大部分人工智能生成物被排除在著作权排他保护之外。这就使得在著作权框架中，对人工智能生成物的保护必然要通过这一创造性标准来提供区分保护。前者予以著作权保护，后者可以根据激励原则赋予有限的财产性权利。

二、人工智能生成物分类规制的合理性

面对人工智能种类繁多且单一法律法规无法有效规制的问题，有两种解决方案：一种是为人工智能生成物构建专门的法律制度予以规范，切实解决各类人工智能生成物的保护问题；另一种则是基于不同人工智能生成物的内在属性，在现有的法律框架下寻求与其最为适应的法律予以调整，以达到保护人工智能生成物的目的。为人工智能生成物建立专门的法律制度，无外乎是最为有效的解决方式，但是基于人工智能技术不断发展的现状，其立法收益无法达到预期的效果。即使构建了专门的法律制度，与人工智能生成物的相关法律也需要对其进行相应的修改，立法成本就会变得更高。因此，在解决人工智能生成物的保护方式上，笔者认为应当在现有的著作权法框架中，根据上述人工智能生成物的分类，对人工智能生成物进行不同的制度安排。

（一）全面保护

全面保护是指通过分类规制的方式，对广义的人工智能生成物进行制度安排，其目的在于避免因技术的更新变革与时代的变换，致使早期的人工智能生成物过早沦为公有领域的情况，也避免因现有的著作权制度保护标准，将部分或所有现有的人工智能生成物全部归于同一保护标准，而导致利益失衡的问题。

由于人工智能技术的更新换代之迅猛，人工智能生成物的形式也愈发复杂。在面对不断变化的人工智能生成物，欲予以全方位的保护，若用统一的法律规范必然显得"捉襟见肘"，唯有分类区分方可达到全面保护的效果。一方面是法律公平正义价值的体现，另一方面是秩序价值的保障。分类保护可以满足不同人工智能生成物的相关利益群体，对自身劳动价值所产生的利益需求。换言之，不同人工智能生成物的相关利益群体不同，各个群体之间对其赋予的劳动不同，以分类的方式予以规范更能实现制度的公平正义。其根本原因在于人工智能技术的更新导致人工智能生成物的愈发先进，各个群体需要承担的义务发生变化。对于新的人工智能生成物而言，人工智能技术替代了旧的人工智能生成物所必需的"自然人的劳动"，以统一的标准予以规范则难以达到利益分配的公平正义，唯有分类保护方能对不同技术时代产生的多种人工智能生成物，予以公平正义的全面保护。

全面保护是人工智能生成物制度构建的需求，分类保护使人工智能生成物制度的构建更加科学。在司法领域，秩序价值的实现表现为权利的确认、权利利用和权利保护等一系列权利安排。[1] 分类保护的保护方式在权利确认与权利保护方面可以使人较为容易地达成共识，使权利主体与权利内容更加明确，从而避免因权利主体不明所带来的纠纷。

---

[1] 吴汉东. 试论"民法典时代"中国知识产权基本法[J]. 知识产权，2021（4）：3-16.

（二）合理激励与利益平衡

人工智能发展是迅速的，而正是因为人工智能技术的高速发展致使人工智能生成物越来越呈现多样性的生态。新型的人工智能生成物若与人类创作的作品以统一标准保护，恐怕难以激发相关行业的优质创新，也难以继续激励人类创作。此外，人工智能生成物分类保护有两个激励目标：一个是以著作权为核心的激励创新的目标；另一个则是以邻接权为核心的激励传播的目标。对人工智能生成物予以分类保护，可以对不同类型的人工智能生成物从不同的激励制度来进行保护，不仅实现保护创新角度的激励，也兼顾其传播和二次利用，最终服务于人类创作。

正如前文所述，不同人工智能生成物的相关利益群体可能存在差异，那么制度对人工智能生成物的激励安排必须有所区别。诚如前文所述，基于深度学习算法的人工智能智力成果B可能质量欠佳，并不具有真正作品意义上的鉴赏或二次创作的价值。因此，在利用人工智能创作的应用领域中，真正应当被激励的是那些经过大量数据学习，并能够更高比例地生成出高质量智力成果的人工智能投入。从这一意义上来讲，专为人工智能生成物设定独创性判断的高标准，正是为了防止大量低创造性的智力成果获得与之并不匹配的作品保护。与此同时，符合高标准创造性的智力成果，是否应当获得与人类作品相同的激励也值得商榷。以常理推之，人工智能生成物作为作品的创造性标准高于人类作品，理所应当地得出前者自然而然地能够和人类作品一样享受同等的保护。但制度给予权利人的激励程度应当与其在创新方面做出的贡献相当。在前述分类中，无深度学习算法的人工智能的生成物（以下称为"人工智能智力成果A"）本身不具有独创性，经人类创作修改后才成为作品；而基于深度学习算法的人工智能的生成物（以下称为"人工智能智力成果B"）则本身可被认定为具有创造性。矛盾之处在于，人工智能智力成果B质量良莠不齐，即有些成果创造性较强，有些成果创造性较低，且从作品鉴赏角度看，存在完成度不够高或者逻辑性有缺陷等等问题。这些"次品"如果也以作品进行保护，可能会导致作品创作市场的混乱。

诚然人类创作的作品本身也存在类似的"次品",即从审美角度看质量欠佳的作品。但是,人类作品其实大部分并不会被发表,许多不达预期的创作只会被尘封或者删除。创作者一般不会选择以自己的名义将大量的"次品"公之于众,这会影响到有关署名的创作质量和名声。因此,虽然著作权法规定的独创性要件对"创造性"程度的要求很低,但并不影响文艺市场上的优秀作品的涌现与流通。与此不同的是,人工智能生成物的"数据挖掘属性",使得人类在使用人工智能生成创作的功能时,为抢占所挖掘的生成物权利,会导致大量人工智能生成物涌入作品市场。加上人工智能的创作速度极快,数据流巨大,这也会导致"次品"的数量急剧上升。这些大量的生成作品拥有与人类作品等同的权利保护,对市场竞争的影响还在其次,主要的影响可能在于对人类创作欲望的挤压。当人工智能自动的创作变得更加智能、更加便捷,而更高比例的"次品"在流通中行使排他性权利,这不仅会带来读者的审美降级效应,还会严重挤压人类在现有作品基础上进行二次创作的空间。

此外,由于使用者对人工智能生成作品的独创性主要表现在其创作意图的具象化上,即使用者的劳动付出仅在于通过"数据挖掘"这一"淘金"的行为,将其创作意图与生成物本身相结合。这一劳动因素从著作权法上而言与纯粹的人类创作相比过于微小,如果就此能够获得人类作品相同的保护程度,不符合利益平衡的原则。著作权的设权机制是将本属于公共领域的知识信息独立出来,为创作者设立排他权利,简而言之,著作权是以牺牲社会公众获取信息的自由为基础的。[①]当公众的自由牺牲与著作权人获得的私权利益不对等,那么这一对价平衡就遭到了破坏。因此,在前文为人工智能生成作品设定了单独标准的创造性的前提下,可以以此作为分界标准,为满足创造性标准的人工智能生成作品提供类作品的著作权保护,

---

① 徐瑄. 著作权对价机制诠释——兼论公众使用权为什么不是民法上的独立请求权[J]. 暨南学报(哲学社会科学版),2023,45(2):69-85.

而低于该标准的人工智能生成物应当仅具有部分财产性利益。

第二节 人工智能生成作品的权利安排

人工智能生成作品著作权保护的主要问题在于，其权利如何安排才能与权利人付出的劳动相匹配，并符合利益平衡和合理激励原则。其著作权保护是否应当与人类作品的著作权保护标准和权利内容相一致，这也是应当在利益平衡项下讨论的问题。

一、人工智能生成作品的独创性来源与权利归属

人工智能生成作品是指，基于深度学习算法的人工智能机器人直接生成的人工智能生成物，在没有人类的后续辅助加工的前提下满足人工智能生成物的创造性标准。没有人类的后辅助加工，继而排除了人类的后续创作的独创性因素。因此，人工智能生成作品的独创性判断要从四方面加以论证。其一，在人工智能机器人的生成行为中，人类是否存在独创性的劳动，这些独创性劳动对生成结果有何影响。该方面主要解决的问题是，人工智能生成作品是否可以看作一种特殊的人类创作方式产生的结果，而非纯粹的机器创作。其二，人工智能生成作品是否独立完成的创作，并且不是简单复制行为。其三，人工智能生成作品的内容是否具有一定的创造性。其四，人工智能生成作品能否在一定程度上体现个性化表达。欲解决上述问题，必须从人工智能生成作品的生成原理分析。从人工智能生成作品的生成原理来看，深度学习是人工智能生成作品具备独创性可能的重要因素，因此明晰什么是深度学习、深度学习是如何实现又有何效果、人类在深度学习中做了怎样的劳动，对于解决人工智能生成作品的独创性问题有着重要的意义。

著作权法上独创性中的"独"是指劳动成果是由劳动者独立完成，并

非抄袭的结果。^①如果将人工智能机器人看成一个整体，那么使用者利用人工智能机器人创作显然非常容易满足独立完成的要素。换言之，如果使用者 A 抄袭使用者 B，对人工智能机器人输入同样的内容进行创作，则不能满足独立创作的要求。但是，人工智能机器人也是人类创造的结果，其中蕴含着设计者的劳动，并且这些劳动对"劳动成果"有实质的影响。因此，人工智能生成作品中的"劳动者"应当包含使用者与设计者，其"劳动成果"是由两者共同"独立完成"，两者可能处于一种委托关系或者合作关系。如果使用者与设计者身份在一定程度上重合则是合作关系，如在机器学习训练中生成的内容；如果两者身份并不重合则可以是委托关系，即使用者委托设计者设计以模型用于创作。不管两者处于何种关系，其对外皆可构成独立完成之要求。

想要论证人工智能生成作品是不是抄袭的结果，需要回归深度学习算法的应用。深度学习是对数据处理并在此基础上建模，这些数据往往是现有的人类作品。由于不同人工智能机器人运用的学习方法与学习模式都有所不同，再加上机器创作本身的创作原理的不可解释性，很难从事实的角度寻找其"抄袭"的证据。但是，深度学习中对现有作品的运用之目的在于从中获取知识，而设计者在设计中也只是对数据进行标注或者进行特征提取，并没有"抄袭"的主观目的。换言之，深度学习的学习方式与人类的学习方式非常接近，是一个获取知识并运用知识的过程。好的数据表示能够消除输入数据中与学习任务无关因素的改变对学习性能的影响，同时保留对学习任务有用的信息。^②因此，不应当认定人工智能生成作品是抄袭的结果。值得一提的是，如果该人工智能机器人生成的诸多内容皆与现有作品实质性相似，那么可以认为其生成的内容皆是复制的结果，这说明其算法本身设置的目的就在于此，而不在于创作。但如果生成的内容只有

---

① 王迁. 著作权法［M］. 北京：中国人民大学出版社，2015：20.
② 刘建伟，刘媛，罗雄麟. 深度学习研究进展［J］. 计算机应用研究，2014，31（7）：1921-1930，1942.

少许内容与现有作品雷同，则不应当认为该生成的内容是抄袭的结果。如此可避免利用人工智能生成这层"外衣"进行"正大光明"的抄袭行为。独立创作要求创作结果从外在形式上不能是现有作品的复制①，若人工智能生成作品满足在客观上不是对现有作品的复制，理应认定其是独立完成的。对于各个人工智能生成作品是否存在复制的问题，可以采用司法实践中较为成熟的"实质性相似"要件予以证明。②

著作权法上独创性中的"创"是指具有一定程度的智力创造性。③因此，人工智能生成作品不仅需要在内容上具有一定的创造性，而且需要在一定程度反映作者个性的智力劳动。换言之，人工智能生成作品是否满足独创性之"创"，需要从创作空间、人格体现与创作高度三个角度入手。

一个创造性的劳动必须包含一定的创造空间，否则将会变成单纯的机械劳动，而单纯的机械劳动是不具备创造性的。例如，将五线谱改写为简谱的劳动就是单纯的机械劳动。无论是五线谱还是简谱皆是对音符组合的记录方式，而这种记录方式存在一一对应的关系。因此，人类对同一五线谱乐谱改写而成的简谱就没有了创造空间，改写而成内容不存在差异化，无法体现创造性。值得注意的是，单纯的机械劳动是无法具备创造性的，但是以一定的规则对原作品进行机械劳动也有可能具备创造性，即该规则能体现作者的个性选择时。例如，对一个音乐作品做一个整体的升调处理，形成一个"新的音乐作品"，而这个"新的音乐作品"的每个音符虽然与原作品存在一一对应的关系，但是行为人可以在升几个调中进行选择，存在创造不同"新作品"的空间，因而具有一定的创造性。因为"新的音乐作品"不能满足作品独创性之"独"的要求，所以其无法构成作品。人工

---

① 卢炳宏. 论人工智能创作物独创性判断标准之选择[J]. 内蒙古社会科学, 2020, 41(4): 102-108.

② 卢炳宏. 论人工智能创作物独创性判断标准之选择[J]. 内蒙古社会科学, 2020, 41(4): 102-108.

③ 王迁. 著作权法[M]. 北京：中国人民大学出版社，2015：27.

智能生成作品的创作空间有两个方面：一方面在于对人工智能机器人输入的内容的可选择性；另一方面在于人工智能机器人本身的模型规则具有个性。

有学者认为，人工智能生成的内容是应用算法、规则和模板的结果，不能体现作者的个性，因此不能构成作品。[1]但是"应用算法、规则本质上属于一种创作方式，至于创作者采取何种方式创作作品，并不是独创性判断的对象。"[2]并且，人工智能生成作品在一定程度上可以反映作者的个性。从使用者角度来看，人工智能生成作品的内容取决于使用者对人工智能机器人输入的内容，而这些输入的内容则体现了使用者的创作意图和个性选择。一方面，输入内容的行为反映了使用者的创作意愿，即使用者希望利用人工智能机器人进行创作，并且获得特定类型的作品；另一方面，使用者输入的内容反映了使用者的创作方向，即使用者给创作设下了一个主题或者划定一个创作范围。此外，输入的内容本身可能具有独创性，它可以是一张照片、一段文本等具有独创性的内容，或者仅仅是限定主题的关键词。从设计者角度而言，人工智能生成作品的创作方式、方法是由人工智能机器人的内在模型决定，而人工智能机器人的内在模型体现了设计者个性化的设计思路。诚然，人工智能生成作品本质上的确是应用算法、规则的结果，但是其利用的规则与模型逻辑具有明显的人为因素，并非基于自然规则与传统的运算方法，即人工智能生成作品的生成规则是基于人为，而非自然。而人为设计的规则往往可以体现人的个性与思想。人工智能机器人的创作原理是设计者利用机器学习技术完成的模型构建，其具体劳动包括数据选择、特征提取或表示、算法选择。设计者的设计思路体现在对以上劳动如何选择决定了模型的初始构建，从而形成一套个性化的运

---

[1] 王迁.论人工智能生成的内容在著作权法中的定性[J].法律科学（西北政法大学学报），2017, 35（5）: 148-155.

[2] 卢炳宏.论人工智能创作物独创性判断标准之选择[J].内蒙古社会科学, 2020, 41（4）: 102-108.

算规则以解决如何创作的问题。人工智能机器人创作方式的不同，才会致使不同人设计的人工智能机器人即使输入相同的内容，其生成的结果也有所不同的现象。然而，设计者对于算法规则的选择和编写的独创性，已经由程序本身所享有的计算机作品予以保护。值得一提的是，独创性中"创"要求与作品的质量和价值没有关联。[①] 因此，对于机器学习中生成的内容也满足独创性中"创"的要求。有学者认为："在独创性的判断上，人工智能创作相比于纯粹的自然人创作需要有较高的要求。"[②]

总而言之，人工智能生成作品是弱人工智能时代下，利用人工智能技术直接生成的满足作品独创性的人工智能生成物，代表了当前人工智能关于文学领域创作的最高成果。因为人工智能生成作品的创作模式与以往的创作模式不同，不是由自然人直接创作，但是自然人在创作过程加入了人的独创性因素，所以应当认定其构成著作权法中的作品。自然人在人工智能生成物的创作过程的独创性因素，主要表现在因人工智能本身的独创性设计，导致人工智能生成物的独创性表达。换言之，不同设计者设计的人工智能机器人生成的人工智能生成作品，必然存在不同。一方面源于设计者对人工智能机器人输入的数据不同，另一方面源于设计者解决问题的方式存在不同。

所谓独创性，是要求作品独立完成且具有最低限度的创造性，并且现有的表达与过往所有作品的表达存在差异。[③] 判断这种差异是否存在的标准并不单纯以外观的形态展现为准，而是取决于作品中所蕴含的作者的思想或情感的独创性表达。[④] 人工智能生成作品的创造过程，实际是使用者

[①] 王迁. 著作权法 [M]. 中国人民大学出版社，2015：29.

[②] 易继明. 人工智能创作物是作品吗？[J]. 法律科学（西北政法大学学报），2017，35（5）：137-147.

[③] 周剑铭，柳渝. 两种"两种文化"交汇中的人工智能 [J]. 科学与社会，2018（1）：62；项贤军. 人工智能创作物的著作权问题研究 [J]. 现代商业，2018（29）：160-161.

[④] 林嘉琳. 中国首例人工智能生成内容著作权争议与前瞻分析[J]. 新闻爱好者，2019（12）：54-56.

与设计者合力的创作过程：使用者提供创作意志与创作目的，设计者提供创作方法与表达结果，而人工智能本身只是表达的工具而已。因此，人工智能生成作品的表达，是由使用者关于提出问题的独创性思想与设计者关于解决问题的独创性思想合力完成的。无论是使用者还是设计者，各自单独的独创性思想无法完成创作。因此，人工智能生成作品的独创性来源于使用者与设计者的集合。

设计者自身就是一群参与人工智能机器人创造的自然人的集合，包含了所有对人工智能机器人进行数据提供、算法设计、特征提取与标注行为的自然人。针对特定的人工智能生成作品，其内容的表达并非基于所有设计者的劳动，只有部分设计者劳动对该人工智能生成作品的内容拥有决定性的因素。换言之，有些设计者的劳动对该人工智能生成作品的内容并不会产生实质性影响。例如，在众多数据标记中，并非所有的标记都会对某个人工智能生成作品的内容产生影响，缺少某个标记不影响该人工智能生成物的内容。因此，具体落实到某个人工智能生成作品，其独创性来源在于使用者与部分设计者的集合。换言之，使用者与设计者的集合中，使用者是固定、明确且完整的，而设计者则仅仅包含对内容有决定性劳动的自然人集合，是不明确且不完整的。

设计者的个性体现在人工智能机器人的算法设计和编写上，这一个性选择已经由算法本身的计算机作品的著作权给予保护。如果将人工智能生成作品的著作权归属于设计者，则会使一个独创性贡献同时获取两个作品的著作权的谬论。基于财产权劳动理论，设计者的独创性贡献并未使得人工智能作品从"共有"领域分离出来，继而缺乏财产保护的正当性。而真正将其从"共有"领域分离出来，足以取得财产保护正当性的使用者，却无法获取其预期的利益，从而遏制了使用者对人工智能机器人的发掘热情，继而使得人工智能机器人的"创造能力"的提升并无意义，从而遏制了设计者对人工智能机器人的研发热情。与之相反，若将人工智能生成作品的著作权归属于使用者，则不仅激励人类利用人工智能创作出更多的人工智能生成作品，而且可以激励人工智能机器人在性能上的提升，从而创作出更好的人工智能生成作品。但是，因为设计者在人工智能生成作品上的独创性贡献，所以需要建立强制标注制度。通过对人工智能机器作品的强制标注，一方面，"标注属性"可以明确人工智能生成作品中设计者的独创性贡献；另一方面，"强制属性"则避免了人工智能生成作品充当人类作品造成著作权生态乱象的可能。

综上，笔者认为，人工智能生成作品的独创性来源于使用者与设计者的集合。但是在权利归属上，人工智能生成作品的著作权应当归属于使用者，而设计者对人工智能作品的独创性贡献，则通过强制标注制度体现。

二、人工智能生成作品的权利内容

如前所述，人工智能生成作品的保护程度应区别于人类作品，除独创性标准的差异以外，在权利内容、权利类型方面也应与人类作品存在差别。这种差异并非刻意为之，而是基于前文所论证的人工智能生成作品与人类作品本身的差异性、其数量的过于庞大、生成过程的简单化，以及市场和激励的考虑。

（一）人工智能创作在著作人身权上的问题

著作权的权利内容分为著作人身权与著作财产权，其中著作人身权又被称为著作人格权[①]、精神权利[②]。我国著作权法同时借鉴了大陆法系体系的作者权制度和普通法系体系下的版权制度，但两大法系基于不同理论基础，在著作人身权利上亦存在分歧。基于浪漫主义与人格理论的大陆法系认为作品是作者人格的延伸，作者在其作品上享有与生俱来的"人权"属性。作者创作作品时将其人格投射到作品中，但是作品本身具有商用价值，继而具有了财产属性，因此作者与作品之间存在一定程度上的不可分割，

[①] 刘有东. 著作人格权制度研究［D］. 重庆：西南政法大学，2010.

[②] 杨延超. 作品精神权利论［D］. 重庆：西南政法大学，2006.

而著作权包含了著作人身权与著作者财产权。对于这两权利的关系，大陆法系又有着一元论与二元论之分。以德国为代表的国家主张著作权一元论，认为著作人身权与著作财产权不是著作权的两个组成部分而是一个统一权利的双重功能。不能对著作权整体或部分进行转让，只能通过许可的方式，允许他人以某种方式使用其作品。以法国为代表的国家主张著作权二元论，认为著作权不纯粹属于人格权或财产权，而是包括了人格权的内容和财产权的内容，两者虽然有密切联系，但不是一个整体，应当区分开来。一元论与二元论的区别在于以下两个方面，第一，著作人身权与财产权是否可以分割；第二，著作权是否可以放弃或转让。采用一元论的国家认为著作权的人格权与财产权是无法分割的，因此著作权只能由作者享有，法人无法成为作者，委托人亦不可通过委托关系成为作者。而采用二元论的国家认为虽然著作人身权属于作者不可放弃或转让，但是著作财产权可以同其他财产权予以转让。虽然一元论相比二元论更能体现人格权，但是其整体与部分财产权无法转让会致使作品的经济利益无法被有效利用。基于激励理论的普通法系最开始认为著作权仅仅是财产权不包含人格权属性。但是基于国际条约的影响，普通法系的国家在法律或法律中都在一定程度上认可了著作人身权。例如，美国为适应加入《伯尔尼公约》的需要，其国会通过的《视觉艺术家权利法》中涉及著作人身权的内容，规定作者享有署名权与保护作品完整权。但是总体而言，虽然两大法系受国际公约的影响存在缓慢融合的现象，但是普通法系国家相比大陆法系国家在著作人身权的保护水平上仍有一定的差距。

我国《著作权法》第十条明确指出，著作权的权利内容包括人身权与财产权，其内容包括发表权、署名权、修改权与保护作品完整权。我国业界主流观点认为，著作人身权与作品之间存在不可分离性，因此不允许将著作人身权转让、放弃或许可。从外观而言，我国著作权立法模式主要借鉴大陆法系国家的作者权，但是对于一元论还是二元论，没有明确的规定。与此同时，在法人作品、委托作品的人身权利上，我国同样参考了普通法系国家的经验。例如，《著作权法》在关于法人作品的规定中，运用了"法人意志""视为作者"的表述,是"拟制法人"与"法人作者"的结合与折中结果,即法人作为法人作品的作者,享有著作人身权与著作财产权。

在法人作品中,法人的意志与自然人(真正的创作者)的意志之间存在了转移与吸收,即自然人的意志依据法人意志进行创作,自然人将法人意志变成自己的意志,而法人则对自然人创作的作品进行追认。通过将法人拟制成为权利主体,法人即可获得全部的著作权。然而,对于人工智能生成作品而言,使用者将自己的意志赋予人工智能机器人,是自己意志与设计者集体的意志融合,形成使用者与设计者集合的意志,并通过人工智能机器人生成出了作品,使用者再对该人工智能生成作品进行追认。本书虽然将权利主体归为使用者,但是人工智能生成作品的"真实创作者"是使用者与设计者的集合。使用者的意志包含于"真实创作者"的意志之中,作为权利主体的使用者,是否具有完整的著作人身权?使用者作为一个自然人,其著作人身权的规定是否应当适用于自然人作品、法人作品,或是特别规定?例如,使用者的发表权保护期限是否应当适用于公民的作品、法人作品或者电影作品的保护期限?

(二)从著作人身权角度分析人工智能生成作品的权利取得

根据国际条约,绝大多数国家皆采用著作权自动保护原则,即作品创作完成时,作者对作品享有著作权。但是著作权自动保护原则在人工智能生成作品的适用,将因人工智能生成作品的创作特殊性而失灵。

人工智能生成作品是由人工智能机器人直接生成的,依据自动保护原则在生成结果出来时,使用者则对该人工智能生成作品享有著作权。但是基于前文对人工智能生成作品独创性分析,需要满足使用者对生成内容的追认。具言之,人工智能机器人生成的内容,可能是人工智能生成作品、人工智能智慧成果或者是人工智能生成废物。当其生成的内容是人工智能生成废物时,使用者无法对生成的内容进行追认,继而不满足独创性;当其生成的内容是人工智能智慧成果时,虽然使用者对其进行了追认,但是其不满足人工智能生成作品的独创性,从而无法构成作品。概言之,人工智能机器人生成的内容需要使用者对其进行追认方能获得著作权，并且即使有追认行为，其内容不满足人工智能生成作品的独创性要求也无法构成作品，使用者自然无法对其取得著作权。

由于对生成内容的追认是一个主观的行为，因此需要一个具体的客观行为与之匹配。而著作权所规定的发表权中的发表行为与追认有一定的关联。首先，使用者对生成内容的发表必然可以认定其对生成内容的追认。如果使用者不对其生成内容予以追认，该内容对于使用者而言就属于人工智能生成废物。其次，使用者未对生成内容发表，并不能得出其对生成内容不予追认的结论。作者对作品享有发表权，即作者享有决定作品公之于众的权利，包含是否发表，以及在任意时间、以任何方式发表。最后，基于人工智能生成的内容不一定是人工智能生成作品，即使对其追认也并不当然获得著作权，继而不存在发表的权利。换言之，使用者对非人工智能生成作品的公开并不是发表行为。发表的前提是使用者对人工智能生成作品享有著作权，但使用者无法决定生成的内容是人工智能生成作品还是人工智能智慧产物。因此，是否发表的前提是需要明晰生成的内容是否构成人工智能生成作品。

人工智能生成的内容是否构成人工智能生成作品，需要通过某种方式予以确认。受人工智能技术的影响，满足人工智能生成作品的独创性条件的人工智能生成内容必然"凤毛麟角"，并且人工智能创作的便捷性极易产生相同或相似的人工智能生成作品。基于人工智能生成作品的海量性与近似性，需要一个组织对其生成的内容进行权威性的认证，以确保使用者"发表"的内容属于人工智能生成作品。笔者认为，可以对人工智能生成作品予以登记。除大部分国家依照《伯尔尼公约》实施自动保护原则以外，还有少量国家仍然施行作品登记制度，虽然其著作权不以登记为前提，并且只能适用于本国作品。与之不同的是，这里对人工智能生成作品的登记，是对作品创作完成的认定。换言之，只有当生成的内容被登记机关登记，人工智能生成作品才得以创作完成。若不予以这种特殊的安排，人工智能生成作品的管理将陷入混乱且失衡的状态。

第四章　人工智能生成物的著作权保护构想

假设使用者 A、B、C 三人利用相同人工智能机器，分别并依次生成了内容 A、B、C 三个相同的内容，并且该内容若对其追认即可满足人工智能生成作品的独创性要求。

情景一，使用者 A 对内容 A 追认但未公开，使用者 B 对内容 B 追认并登记。

如果将人工智能机器人生成时刻认定为创作完成时，那么使用者 A、B、C 皆享有著作权，继而除了登记的使用者 B，使用者 A 与使用者 C 皆享有署名权，继而使得相同内容拥有多个作者的情况。使用者 B 的登记亦变得没有了意义。如果将登记的时刻认定为创作完成时，那么 B 则对该内容享有著作权。由于使用者 B 已经登记，无论是使用者 A 还是使用者 C 都将无法登记，继而无法对该内容主张权利，亦没有发表权放弃一说，从而避免了同一内容多个作者的乱象。

情景二，使用者 A 对内容 A 追认、公开，未登记；使用者 B 对内容 B 追认并登记。

与情景一不同，使用者 A 在使用者 B 登记前公开了内容。此时使用者 B 依旧获得著作权，但是其排他性不包括使用者 A，使用者 A 依旧可以免费使用该内容不构成对使用者 B 的侵权。对此则引发又一个问题，即使用 A 是否侵犯了使用者 B 的发表权。

当登记成为人工智能生成作品的创作完成的要件，其登记行为本身就是一种发表。使用者 B 只有将人工智能生成作品"发表"才能享有著作权。只有其拥有著作权之后才享有发表权。人工智能生成作品的著作权归属于使用者是希望其对人工智能机器人的挖掘，产生出更多的作品。因此，笔者认为该制度下，使用者的发表权形同虚设，故使用者 A 的公开行为不构成对使用者 B 发表权的侵害。

总之，人工智能生成作品著作权保护需要建立登记制度，并将登记作为取得人工智能生成作品的条件。人工智能生成作品的著作权人无法完整行使其发表权，因为一旦登记，在产生著作权的同时发表行为已然形成，故而缺乏对人工智能生成作品不予发表的权利。

-127-

第五章　人工智能生成物的著作权制度设计

著作权制度要为人工智能生成物提供不同于人类创作作品的保护，但在实践操作中，人工智能生成物与人类作品无法从客观上进行区分。因此，除了明确人工智能生成物的权利主体、保护标准、保护限度以外，还需要构建一系列配套机制来保证人工智能生成物的保护制度稳定运行，防止人工智能生成物与人类作品混同保护的情况出现。

第一节　人工智能生成作品的登记保护

一、作品登记制度之存废

在版权特权时代，作品的著作权取得采取的是登记取得制度，作品登记是获得版权保护的条件。后来《伯尔尼公约》规定了自动保护原则，取消了作者获得著作权保护必须登记的规定，明确要求作者享有和行使著作权不需要履行任何手续。至此，著作权自作品完成之日起由作者自动享有。

（一）美国作品登记制度与人工智能生成物

除大部分国家依照《伯尔尼公约》实施自动保护原则以外，还有少量国家仍然施行作品登记制度。美国版权法不仅要求版权人在登记时需要交存作品样本或复制件，还对申请登记的作品进行实质审查，确定其符合美国版权法的保护要求，并且已登记的作品需要在其复制件上标注法律规定的版权标记。美国作品登记并非获得版权保护的前提，但是是要求海关保护和提起侵权之诉要求赔偿的前提。[①] 但根据《伯尔尼公约》，美国作品登记制度只针对本国作品，不适用于与美国共同参与国际公约的其他成员国的作品。加拿大也规定了作品登记制度，同样地，其著作权获得保护也不以登记为前提，但作品登记具有直接证明版权存在和归属的效力。[②] 与美国不同的是，加拿大版权局不要求交存作品副本，但需要提供申请者的权利声明。

美国的作品登记制度具有明显的版权注册制度的痕迹，是版权注册制度向自动保护原则妥协的产物。由于涉及作者后续的侵权之诉和海关保护的提起，美国的作品登记制度的实施与自动保护原则在实践中的激励效果上存在一定的矛盾。作品登记的便捷之处在于，对受保护作品有兴趣获得许可或有其他用途的人，能够相对简单地向版权登记处查询版权所有者的联系信息，这样能够大幅度降低版权许可和二次创作的成本。[③] 在作品登记制度下，不期望或不需要获得版权保护的作品通常排除在版权制度之外，但这些作品缺乏合理的方式让公众获知其版权信息和许可信息，这就导致

[①] 刘利. 作品登记的不同实践与我国作品登记制度的完善[J]. 中国出版，2017（5）：17-20.

[②] 刘利. 作品登记的不同实践与我国作品登记制度的完善[J]. 中国出版，2017（5）：17-20.

[③] Samuelson P. The Copyright Principles Project: Directions for Reform[J]. Berkeley Technology Law Journal, 2010, 25（3）：1175-1245.

了大量的诉讼风险的存在，不利于这些作品被创造性地再次利用。因此，作品登记制度的作用并非只能简单地作为权利证明来使用，其本身含有一定的社会公共价值和激励价值所在。

在人工智能对版权法造成巨大冲击的当代，美国版权局对人工智能生成物的立场极为鲜明，即不承认人工智能生成物构成作品。但随着人类利用人工智能辅助创作的事件愈加普遍，美国版权局也越来越多地收到包含人工智能生成内容的登记申请。在2018年，美国版权局收到了一份视觉作品的登记申请，在申请文件中，申请人明确地将其描述为"由机器上运行的计算机算法自主创建"。① 由于美国作品版权登记制度要求版权局对申请登记的作品进行实质性的审查，即判断其是否符合作品的构成要件。在针对这一人工智能生成的内容，美国版权局以该作品申请中不包含人类作者为由驳回了该申请，并在后续的一系列行政复议程序中，审查委员会在最终裁决中再次确认该申请不能获得作品登记，因为它是"在没有人类行为者任何创造性贡献的情况下"制作的。② 然而人类对人工智能的利用并未停止，美国版权局再次收到一份包含人类创作元素和人工智能生成图像的作品的注册申请。2023年2月，版权局认为该漫画小说构成版权作品，

---

① U.S. Copyright Office Review Board, Decision Affirming Refusal of Registration of a Recent Entrance to Paradise at 2（Feb. 14, 2022）, https：//www.copyright.gov/rulings-filings/reviewboard/docs/a-recent-entrance-to-paradise.pdf.

② Norris Indus. v. Int'l Tel. & Tel. Corp., 696 F.2d 918, 922（11th Cir.1983）. For this reason, courts credit the Office's expertise in interpreting the Copyright Act, particularly in the context of registration. See, e.g., Esquire, Inc. v. Ringer, 591 F.2d 796, 801-02（D.C.Cir. 1978）（giving "considerable weight" to the Register's refusal determination）; Varsity Brands, Inc. v. Star Athletica, LLC, 799 F.3d 468, 480（6th Cir. 2015）（"the Copyright Office's expertise in identifying and thinking about the difference between art and function surpasses ours"）, aff'd on other grounds, 580 U.S. 405（2017）. The Office's decision is currently being challenged in Thaler v. Perlmutter, Case No.1：22-cv-01564（D.D.C.）.

第五章　人工智能生成物的著作权制度设计

但其中由人工智能生成的图像本身不受版权保护。① 此外，美国版权局也收到了其他以人工智能作为作者或以人类与人工智能合著，或在创作声明中列明"该作品是在人工智能或其协助下完成"的作品登记申请，甚至有部分申请并未披露包含的人工智能生成内容，但在作品的标题或者文件的其他部分提到了人工智能程序的名称。② 针对这些现象，美国版权局意识到需要明确借助人工智能创作的作品的登记规则，于是发布了《版权登记指南：包含人工智能生成内容的作品》来处理在人工智能生成内容基础上进行创作获得的作品，要求申请人有义务在申请作品登记的文件中披露人工智能生成的内容，并说明人类作者对作品的贡献。在此基础上，版权只会保护作品的人类创作部分，这些部分"独立于"且"不影响"人工智能生成内容本身的版权地位。③

美国作品登记制度在回应人工智能创作现象方面，坚持了作品登记和其关于人工智能生成物的"非作品"属性的判例规则，但其登记方面的安排并不能完全解决人工智能创作对作品市场的冲击。由于声明了仅对人类创作的部分提供版权保护，并且要求登记申请人披露人工智能生成的部分，这种要求可能导致申请人选择不对该信息进行披露。这将会导致版权行使过程中的一系列问题，例如该部分冠以人类创作的名义但存在侵权嫌疑，作者后续举证证明是人工智能生成而来，其在先行使权利所得收益应当如何处理等问题。总而言之，仅仅要求披露义务并不能完全解决人工智能创

---

① On the application, the applicant described the work as a "comic book." See U.S. Copyright Office, Cancellation Decision re: Zarya of the Dawn (VAu001480196) at 2 (Feb. 21, 2023), https://www.copyright.gov/docs/zarya-of-the-dawn.pdf.

② United States Copyright Office. Copyright Registration Guidance: Works Containing Material Generated by Artificial Intelligence [EB/OL]．(2023-03-16). https://www.federalregister.gov/documents/2023/03/16/2023-05321/copyright-registration-guidance-works-containing-material-generated-by-artificial-intelligence.

③ See 17U.S.C 103（b）．

作与著作权保护之间的矛盾，可能会导致法律制度运行过程中的更多漏洞和问题的出现。并且，从作品登记的效力来讲，即使某一基于人工智能生成物创作的作品通过了审查获得作品登记，其是否真正受到版权保护和保护范围最终仍需要法院来进行最终的决断。

（二）我国作品自愿登记与人工智能生成物

我国目前行使作品自愿登记制度。起初，我国的作品登记以《作品自愿登记试行办法》（1994）为依据，作品登记申请由地方各级版权管理部门受理和审查，申请人需提供表明权利人身份和权利归属的证明，提交作品登记表，缴纳登记费。此时，作品登记证书的效力尚处于不明确的状态。2002年，《最高人民法院关于审理著作权民事纠纷案件适用法律若干问题的解释》第七条将著作权底稿、原件、合法出版物、著作权登记证书、认证机构出具的证明、取得权利的合同作为可以采纳的证据，作品登记证书才具有证明权利归属的初步证据的效力。

2011年，国家版权局下发了《关于进一步规范作品登记程序等有关工作的通知》，该通知对作品登记申请受理、审查、时限、证书内容、表证格式、信息统计等方面作了详细规定，将版权登记工作由"诸侯割据"转向"一统天下"的局面，由中国版权保护中心承担全国作品登记信息统计、查询及公告的工作，开发建立全国作品登记信息统计数据库及公告查询系统，形成全国作品登记数据库，并完善了《作品登记规范手册》，统一了全国作品登记规范和证书形式等。2020年，《著作权法》修订。作品自愿登记制度正式写入了《著作权法》中第十二条，为权利的登记提供了切实的法律依据。

因此，目前我国作品自愿登记制度具有统一的登记审查标准和统一的作品登记数据库。著作权人可以向国家著作权主管部门认定的登记机构办理作品登记。著作权的产生与作品是否进行登记无关，登记的效力仅限于权利及其归属的公示，登记证书可以作为权利纠纷中初步确权证据，但当事人提供有效的相反证据能够推翻该权利归属的，可以推翻该著作权登记。[1]

我国现有的作品自愿登记制度仍然不够健全，存在一些较为明显的问题。第一，作品登记证书的效力不够明确。目前，仅有司法解释对作品登记证书在实务应用中的效力，做出了在证据规则层面的规定和学理上的进一步解释。不仅作品登记效力不明，权利变动登记的效力也缺乏规定，《计算机软件保护条例》中也没有明确规定软件登记和许可转让登记的效力。效力不明确会导致著作权许可和侵权纠纷中确权的困难，权利变动登记不具有对抗第三人的效力，作品登记的意义被减弱，作品市场上频繁出现"一女多嫁"的现象。[2]第二，我国的作品自愿登记制度与美国的作品登记制度相比，并未为创作提供足够的激励效果。当作品的权利登记和变动登记效力不明，登记与否对作者而言并无任何影响。作品登记不会为作者带来足够的收益预期，后续使用者获取信息的成本也会因此而增加，这不利于二次创作和文学艺术的创新。此外，我国作品登记机关不统一，各地版权局存在登记委托代理的情形，各地登记程序、登记标准、登记事项的差异[3]容易导致权利纠纷更加频繁。

基于这一不完善的作品自愿登记制度，人工智能生成物的出现也将会对其产生一定的冲击。与美国作品登记的实质审查相比，我国作品登记的形式审查更加无法防止作者以人工智能生成物为人类作品进行登记的情况出现。实质审查与披露义务的配合，能够在较大程度上排除大部分人工智能生成的、未经人类创造性处理的内容，但仍然会有所遗漏。自愿登记与形式审查的结合造成的漏洞必然会更大。在目前我国著作权制度对人工智能生成物能否构成作品的态度尚不明确的情形下，一方面作品登记申请人可能隐瞒人工智能自主生成的事实，另一方面其相关的权利义务尚处在不

---

[1] 石宏. 著作权法第三次修改的重要内容及价值考量[J]. 知识产权, 2021（2）：3-17.
[2] 王凌燕. 版权登记的法律属性及其完善探析[J]. 出版发行研究, 2013（9）：83-86.
[3] 苏平，张晨燃. 我国著作权登记制度探析——兼评新秀著作权法第十二条[J]. 电子知识产权, 2022（5）：4-9.

明确的状态，进一步影响作品市场的稳定和创新的激励。

二、人工智能生成作品的登记制度

笔者认为，从理论上而言人工智能生成物具有独创性，能够作为作品受到著作权保护，但只有人工智能生成作品能够获得类人类作品的保护。基于人工智能生成物的创造性标准，将人工智能生成物划分为人工智能生成作品与人工智能智力成果。前者要获得类人类作品的保护，并且需要将其与人类创作作品、人工智能智力成果区分开来。这一制度效果可能需要借助作品登记制度才能实现。

（一）人工智能生成作品以登记为版权保护的前提

如前所述，版权制度经历了从登记取得主义到自动保护原则的发展，这一制度变化是为了使作品能够及时获得保护，有效制止侵权。相对登记取得主义而言，自动保护原则意味着更高的著作权保护水平，因为创作者要获得权利保护不再需要实施一定的前置手续或程序。在自动保护原则下，通常以自愿登记原则作为补充，以解决无登记导致的作者权属举证、取证困难的问题。

从制度实施的角度来看，登记取得主义与自动保护原则在权利取得这一问题上的立场是背道而驰的。从本质上而言，登记取得主义为作品获得权利保护设置了前置法定程序。与自动保护原则相比，登记取得主义的保护水平更低，对于社会公众使用权的侵占更少。自动保护原则则对公共领域的侵蚀相对更加严重，因此需要更加谨慎地维护私益与公共利益之间的平衡。

人工智能机器人作为带有机械载体的人工智能程序，在运行的过程中可以不知疲倦地根据单个指令批量地生成不特定内容，或根据多个指令多次地生成不特定内容，甚至在不久的将来，不需要人类的具体指令，人工智能机器人就能够自动地生成多种多样的独创性表达。与人类创作相比，人工智能的创作过程更加迅速便捷，其创作持续时间能够更长。从能耗上而言，目前的人工智能同时段能耗比人类的生物能耗高出许多，但能源成本是在可控范围内的，只要人类愿意提供能源，人工智能可以不知疲倦、不分日夜地工作——这本身就是机器代替人类劳动的优势所在，只不过这一劳动替代性从体力劳动来到了精神层面的脑力劳动了。基于这种劳动替代性，人工智能生成作品会以人类创作远远无法比拟的数量和速度进行产出。人工智能这种创作速度和数量，若予以作品保护，势必会对人类创作作品产生数量级的冲击，挤压人类作品的生存空间，且庞大量级的表达都获得作品保护，将会使得对公共领域的侵占加剧。这一侵占不仅仅表现在二次创作的难度和限制增加，公众的表达自由也会受到限制，因为机器的大量运算对表达符号的组合的穷尽是极快的。对人工智能生成作品采取登记取得主义来限制著作权法对其提供的保护水平，能够在一定程度上平衡著作权与公共利益。

为人工智能生成作品设置登记取得制度还额外有基于创新激励的考量。人工智能生成作品的保护与人类作品的保护侧重点并不相同。虽然二者的权利保护都具有创新激励的目的，但在现阶段已经趋于完整的著作权保护体系中，权利保护已经被认为是创新激励的必不可少的一环，权利保护几乎等于创新激励。而在人工智能生成作品的问题上，著作权法提供保护并非真正认为这些作品具有保护的艺术思想价值，更多的是为了促进其二次利用和促进生成式人工智能技术的发展。促进人工智能生成作品的二次创作的理念的根本出发点，仍在于人工智能创作应当为人类创作添砖加瓦的基础上。而登记取得制度有利于降低人工智能生成作品的许可成本，对其基础上的二次创作具有促进作用。

值得注意的是，登记取得主义仅限于人工智能生成作品，人工智能智力成果仍类比人类创作作品采取自动保护原则。由于保护模式为二者提供的保护程度并不相同，因此人工智能智力成果采取自动保护原则对公共利益的损害并不太大，且能够与其低标准保护相适应。人工智能智力成果的自动保护原则，与人类创作作品的自动保护原则原理是相同的。与人工智能生成作品相比，人工智能智力成果更偏向于与"低质量"的人类创作作品类似。人工智能智力成果表达独创性较低，具有可二次利用价值的内容比例更低，且当对这些智力成果只赋予财产性权利时，由于其数量庞大，生成速度快，其市场竞争也会较为激烈。生成者在初步筛选中就可能淘汰大部分与现有表达相重复，或创造性较低，或有逻辑硬伤无法被人类所理解的表达组合，能够进入二次创作市场的智力成果都是"淘金者"们认为能够具有一定审美价值和市场价值的表达组合。淘金者们对于有市场价值的智力成果的挖掘和筛选工作可能将会类似于比特币的挖掘工作，此外还具有先到先得、自由竞争的特性。而二次创作价值太低的智力成果在素材利用市场上的竞争力也较低，生成者尚且不会发表他生成的所有智力成果，更别提——为这些仅具有较低财产价值的表达去版权管理部门申请正式的登记程序，这显然不利于智力成果的挖掘和自由竞争。

（二）人工智能生成作品的登记规则

人工智能生成作品采取登记取得主义，那么相关的登记制度需要建立完善的架构，来实现本书前述的制度构想和制度效果，即既要赋予人工智能生成作品一定的类人类作品的权利保护，但要在提供保护的基础上，确保其创造性标准高于大部分作品，并且由于创造性审查对管理部门的高要求，需要进一步完善作品登记制度，来实现人工智能生成作品的统一审查和一定的登记效力，避免出现相关的市场乱象。

第一，如前所述，在人工智能生成作品的保护问题上，可以考虑采用登记取得主义。在制度构建上，可以参考美国的作品登记制度，采取实质审查的方式，由国家版权管理部门审查申请作品保护的人工智能生成物，是否满足高标准的独创性要求。对作品的登记实行实质性审查并非不具有可行性。首先，从客观条件建设上来讲，我国目前已经构建较为完善的全国作品登记数据库，用于公示登记信息和统计登记数据。版权管理部门也建立了较为科学、标准的登记规范体系，建立了较为规范的各地登记数据报送机制和登记数据库之间的数据转换机制。[①] 其次，机器作品版权登记的实质审查不同于专利法上的实质审查。专利的实质审查是将申请技术方案与现有技术方案的比对，而笔者不建议版权登记的实质审查也进行对现有作品的比对。专利实质审查的效力并非确权，而是对该专利技术有效性的审查，即保护范围的审查。与之相对的，如果作品登记的实质审查也与现有作品进行比对，这一比对工作实质上是在判断该作品的具体保护范围和其是否侵犯了他人的著作权，而非仅仅是独创性的判断。每一个作品并非纯独创的，必然有对现有作品的借鉴、引用、延伸。一方面，与现有作品比对的审查方式大大增加了版权管理部门工作难度和工作负担，尤其在我国缺乏交存作品副本的登记制度基础的情况下，比对数据库的缺乏使得比对工作寸步难行；另一方面，作品的保护原理使得比对审查的方式并无必要。作品的保护范围是在个案中由法院来确定，独创性的高低与作品保护范围的大小并无必然的关联。而作品的比对无异于学术规范中的复制比检测，虽然复制比检测对于创造性的判断能够起到一定的辅助作用，但对于作品的权利登记而言并无用处。法律不能以复制比的高低来确定机械的分水岭决定是否给予保护，作品保护的审查标准必然是弹性的、可变的，尤其是在机器作品的登记审查上，需要为未来的技术发展留下足够的解释空间，由版权管理部门根据机器作品的创造性、完整性标准并结合当下的技术发展状况来进行解释和判断。

第二，要明确机器作品的登记效力，为其市场许可提供来自政府公信力的交易保障。与自动保护原则相比，登记取得主义的优势就在于政府机关为已登记的作品提供具有一定公信力的公证。而机器作品的许可、二次创作恰恰比人类作品更需要来自官方机构的背书。首先，机器作品的作品登记证书的效力，除了授予该人工智能生成物机器作品的保护并作为权利归属的初步证据效力以外，还应当具有对抗第三人的效力。如前所述，机

[①] 赖名芳. 如何释解作品登记将"一统天下"——访中国版权保护中心副主任范继红［N］. 中国新闻出版报，2012-02-02（07）.

器作品是人工智能使用者在其可能生成的内容库中"挖掘"而来，这就意味着同样的表达可能会被多个使用者先后挖掘到。此时，作品登记可以采用先到先得的制度来确定权利归属，排除后来者以完全相同或相似的生成内容进行作品登记，从而引发权利归属方面的纠纷。此外，著作权的转让和许可应以登记作为生效要件，且权利变动的登记可以对抗第三人，防止出现"一女二嫁""一房多卖"的现象。

第三，作为著作权的"弱保护"制度的要求，机器作品的权利登记和权利变动登记应当收取作品登记费、审查费等必要费用，以此增加权利取得成本，人为地筛选不必要的作品登记申请。这样一方面，可以减轻版权管理部门的审查工作压力，因为人工智能生成之内容可能呈现井喷的趋势，另一方面，也能够提前为市场筛选相对优质的二次创作素材，也防止机器作品大量挤压创作空间和公众的表达自由。此外，前文提到机器作品的著作权保护期限最长不应超过30年，但可以在收费机制上给予保护期限一定的弹性，即自登记之日起30年届满，若著作权人有继续保护的意愿，可以自愿缴纳年费为该机器作品的权利保护续期，最长不得超过登记之日起50年。

第二节　人工智能生成物的强制标记

人工智能生成物的分类保护不仅仅依赖于作品登记和实质审查制度，还需要标记制度将外观上具有同质性的人工智能生成物与人类作品区分开来。因此，强制标记制度是作品登记保护制度的重要配套制度，关乎人工智能生成物的保护体系的有序运行，也有助于国家对于相关人工智能的发展和技术的管控。近年来，有关部门出台了一系列管理和规范算法产业的规章制度，对人工智能技术及其应用市场明确权责。但相关规章和立法仍在起步阶段，还存在许多不足。笔者拟对相关规章和立法议案进行评析并从产业规范和权利保护两个角度对人工智能产业规范和促进的制度构建提出建议。

一、我国人工智能技术服务的规范措施与立法趋势

人工智能生成物的标记制度是对其进行有效保护和区分保护的前提，而人工智能生成物的强制标记的前提是生成式人工智能的管理和标记。

我国对算法产业和应用的管理和规制，始于2022年的《互联网信息服务算法推荐管理规定》（以下简称《算法推荐管理规定》）对算法推荐服务的规定，生成合成类算法就在其中。2023年，《互联网信息服务深度合成管理规定》（以下简称《深度合成管理规定》）生效，其管理对象主要为深度合成技术。近期，即将立法审议《生成式人工智能服务管理办法（征求意见稿）》（以下简称《办法》）。上述规章的发布和生效时间间隔不长，都对算法服务或生成式人工智能服务相关的责任和管理规范，进行了较为详细的规定，本书将对这三个规章进行条文内容的比对和分析。

在规制对象方面，最先出台的《算法推荐管理规定》意在针对依据算法技术向用户过滤、推送信息的互联网信息服务进行治理和监督管理。算法推荐技术包括利用生成合成类、个性化推送类、排序精选类、检索过滤类、调度决策类等算法技术向用户提供信息，本书研究的人工智能生成技术就包括合成类算法技术。2023年年初生效的《深度合成管理规定》则是仅针对深度合成技术，即通过如深度学习、虚拟现实等生成合成类算法技术为用户提供制作各类信息的服务。现如今正在公开征求意见的《办法》则是意在规范和监管"研发、利用人工智能产品，基于算法、模型、规则生成文本、图片、声音、视频、代码等内容的服务"。这三个规章所规制的对象之间的关系在于，算法推荐技术包括生成合成类算法技术，也就是深度合成类算法；而生成式人工智能则不仅仅基于算法而实现，也包括基于模型、规则等方式生成各种内容的技术，比深度合成类算法范围更广，在目前行业中被称为"人工智能生成内容"（artificial intelligence generate content，AIGC），也就是本书的研究对象：能够独立创作的人工智能技术。三个规章的规制对象和规制对象定义和范围见表5–1。

表 5-1　三个规章的规制对象和规制对象定义和范围

项目	《互联网信息服务算法推荐管理规定》	《互联网信息服务深度合成管理规定》	《生成式人工智能服务管理办法（征求意见稿）》
规制对象	应用算法推荐技术提供互联网信息服务	应用深度合成技术提供互联网信息服务	研发、利用生成式人工智能产品，面向中华人民共和国境内公众提供服务
规制对象定义和范围	利用生成合成类、个性化推送类、排序精选类、检索过滤类、调度决策类等算法技术向用户提供信息	利用如深度学习、虚拟现实等生成合成类算法制作文本、图像、音频、视频、虚拟场景等网络信息	基于算法、模型、规则生成文本、图片、声音、视频、代码等内容

注：包括但不限于：①篇章生成、文本风格转换、问答对话等生成或者编辑文本内容的技术；②文本转语音、语音转换、语音属性编辑等生成或者编辑语音内容的技术；③音乐生成、场景声编辑等生成或者编辑非语音内容的技术；④人脸生成、人脸替换、人物属性编辑、人脸操控、姿态操控等生成或者编辑图像、视频内容中生物特征的技术；⑤图像生成、图像增强、图像修复等生成或者编辑图像、视频内容中非生物特征的技术；⑥三维重建、数字仿真等生成或者编辑数字人物、虚拟场景的技术。

人工智能创作技术进入市场一般会导致新的经营模式和利益冲突，上述三个规章制度从本质上而言，是针对目前市场上提供服务的平台等主体的经营行为来进行规范，目的在于建立新产业的强制规范和一系列指引性规范，并不对涉及的人工智能创作的内容的权利归属、性质等做出安排，其法律层级也决定了无法解决这些法律层面的问题。但上述三个规章在实操上具有规范意义，也能够为后续解决人工智能技术相关的法律纠纷提供指引。

在内容管理义务上，三个规章要求服务提供者承担的管理义务有一部分是相同的，将三个规章的内容提炼后可以得出，人工智能生成内容服务的提供者要承担生成内容的合法性和真实性担保义务、审查义务和违法信息的处置义务和生成内容的标识义务。三个规章对同一义务要求的履行强度各有不同。三个规章的内容管理义务见表5-2。

表5-2 三个规章的内容管理义务

项目	《互联网信息服务算法推荐管理规定》	《互联网信息服务深度合成管理规定》	《生成式人工智能服务管理办法（征求意见稿）》
内容管理义务	算法机制机理审核、科技伦理审查、用户注册、信息发布审核、数据安全和个人信息保护、反电信网络诈骗、安全评估监测、安全事件应急处置 建立识别违法和不良信息的特征库，发现违法信息时，立即停止传输，采取消除等处置措施，防止信息扩散，保存有关记录 发现未作显著标识的算法生成合成信息的，应当做出显著标识后，方可继续传输 不得生成合成虚假新闻信息，不得传播非国家规定范围内的单位发布的新闻信息	用户注册、算法机制机理审核、科技伦理审查、信息发布审核、数据安全、个人信息保护、反电信网络诈骗、应急处置 服务提供者和使用者不得利用深度合成服务制作、复制、发布、传播虚假新闻信息 对深度合成服务使用者的输入数据和合成结果进行审核 建立识别违法和不良信息的特征库，发现违法和不良信息的，采取处置措施，对相关深度合成服务使用者依法依约采取警示、限制功能、暂停服务、关闭账号等处置措施 建立辟谣机制，发现利用深度合成服务制作、复制、发布、传播虚假信息的，应当及时采取辟谣措施 深度合成服务提供者采取技术措施对使用其服务生成或者编辑的信息内容添加不影响用户使用的标识，可能导致公众混淆或者误认的情况下，在生成或者编辑的信息内容的合理位置、区域进行显著标识，向公众提示深度合成情况	利用生成式人工智能生成的内容应当体现社会主义核心价值观 防止生成虚假信息 防止损害肖像权、名誉权和个人隐私，侵犯知识产权，禁止非法获取、披露、利用个人信息和隐私、商业秘密，不得根据用户的种族、国别、性别等进行带有歧视性的内容生成 利用生成式人工智能产品提供聊天和文本、图像、声音生成等服务提供者，承担该产品生成内容生产者的责任；涉及个人信息的，承担个人信息处理者的法定责任，履行个人信息保护义务 按照《互联网信息服务深度合成管理规定》对生成的图片、视频等内容进行标识

在保证内容真实性与合法性方面，服务提供者要建立识别违法和不良信息的特征库，以便在发现违法信息时立即停止传输防止扩散，对相关使

用者采取警示、限制功能、暂停服务、关闭账号等处置措施。并且，人工智能服务提供者应采取措施防止其提供的人工智能服务生成虚假、非法、歧视性信息。在内容标识上，要求按照深度合成管理规定，服务提供者采取技术措施为其服务生成或使用其服务编辑的信息内容添加不影响用户使用的标识。在文本生成与编辑、合成或仿声、人脸图像或视频生成、拟真场景生成等其他显著改变信息内容的服务，可能导致公众混淆或误认的情形下，应当在生成或编辑的信息内容的合理位置进行显著标识。除上述情形以外的服务使用情况中，显著标识功能是使用者选择使用。此外，还声明任何组织和个人不得删除、篡改或隐匿上述深度合成标识。

在算法规范和训练义务上，主要包括备案制度、安全评估制度、算法和数据披露制度等。在《算法推荐管理规定》中，对于算法推荐技术，仅要求具有舆论属性或社会动员能力的服务提供者对名称、服务形式、应用领域、算法类型、算法自评估报告、拟公示内容进行备案并开展安全评估。《深度合成管理规定》则要求服务提供者的训练数据应当合法，并且将深度合成服务技术支持者纳入需要履行备案手续的范围中。《办法》将所有生成式人工智能产品都纳入了履行备案并开展安全评估的范围中。这一变化代表了对算法监管愈加严格的趋势。而在算法披露义务上，《办法》要求服务提供者根据国家有关主管部门的要求提供可以影响用户信任、选择的必要信息，包括但不限于预训练和优化训练数据的来源、规模、类型、质量等描述，人工标注规则，人工标注数据的规模和类型，基础算法和技术体系等相关人工智能产品的信息。三个规章的算法规范和训练义务见表5-3。

表 5-3　三个规章的算法规范和训练义务

项目	《互联网信息服务算法推荐管理规定》	《互联网信息服务深度合成管理规定》	《生成式人工智能服务管理办法（征求意见稿）》
算法规范和训练义务	不得设置诱导用户沉迷、过度消费等违反法律法规或者违背伦理道德的算法模型 不得利用算法干预信息呈现、影响网络舆论或规避监督管理或实施垄断和不正当竞争行为 具有舆论属性或者社会动员能力的算法推荐服务提供者，应当通过互联网信息服务算法备案系统履行备案手续并按照国家有关规定开展安全评估	加强训练数据管理，采取必要措施保障训练数据安全；训练数据包含个人信息的，应当遵守个人信息保护的有关规定 提供人脸、人声等生物识别信息编辑功能的，应当提示深度合成服务使用者依法告知被编辑的个人，并取得其单独同意 定期审核、评估、验证生成合成类算法机制机理 具有舆论属性或者社会动员能力的深度合成服务提供者、深度合成服务技术支持者应当按照算法推荐管理规定履行备案和变更、注销备案手续	利用生成式人工智能产品向公众提供服务前，应当向国家网信部门申报安全评估，并履行算法备案和变更、注销备案手续 提供者应当对生成式人工智能产品的预训练数据、优化训练数据来源的合法性负责 提供者应当制定符合本办法要求，清晰、具体、可操作的标注规则，对标注人员进行必要培训，抽样核验标注内容的正确性 提供者应当提供可以影响用户信任、选择的必要信息，包括预训练和优化训练数据的来源、规模、类型、质量等描述，人工标注规则，人工标注数据的规模和类型，基础算法、技术体系等

在法律责任上，算法服务（或称人工智能产品）造成他人损害或侵犯他人权利，现有法律法规有规定的，依照其规定；没有规定的承担行政责任，由网信部门等有关部门警告、通报批评，责令限期改正，情节严重的暂停信息更新并处罚款，还可能承担一定的刑事责任。除此以外，《办法》要求服务提供者承担其提供的人工智能产品生成内容的生产者责任，涉及个人信息的，承担个人信息处理者的法定责任。根据《中华人民共和国民法典》（以下简称《民法典》）第一千二百零二条，因产品缺陷造成他人损害的，生产者应当承担侵权责任。该侵权责任是无过错责任原则，因此只要产品侵害他人人身权、财产权，生产者也就是本规章中的人工智能服务提供者就应当承担侵权责任。如前所述，人工智能设计者可能无法精确控制人工智能的生成内容具体包含什么，要对人工智能生成内容的合法性和真实性做出保证并承担责任，不仅需要设计者完善算法和训练数据，还

需要服务提供者在经营过程中严格监管，开发针对内容筛选和匹配的技术，以符合法律规范的要求。

二、现有规制及立法构想的缺陷

从我国网信办相关部门连年发布新的管理办法可见，法律对人工智能生成内容的规制需求很高。上述有关最新的规章对于生成式人工智能的规范主要体现在两个方面：一是技术监管；二是内容治理。技术监管主要包括算法备案和算法披露。内容治理主要是对内容合法性、真实性的保证和管理。技术监管中对算法备案和算法披露的要求是内容治理的前提与配套措施，也是前文人工智能生成作品登记制度的前提与配套措施。

由于上述三个规章是部门规章，只能进行行政部门管理工作方面的细节规定，如具体主管部门的确定，行政检查、行政查处、行政责任的承担等。受限于文书的效力等级，其无法对人工智能生成内容进行明确的定性。此外，三个规章是由网信办等部门发布，其主要的监管视角和依据是网络安全法、数据安全法、信息保护法等涉及互联网信息安全和环境安全的法律，并不涉及著作权法等财产性法律。因此，其中的规定以行政监管和宣示性条款为主。

此外，通过算法备案、算法披露以及日常的算法测试等方式，在力求算法及训练数据真实性和合法性的基础上，人工智能服务提供者还需要对用户生成或合成的信息内容添加标识，并对可能导致公众混淆或误认的信息内容进行显著标识。换言之，当某一生成式人工智能可能涉及文本生成，或改变个人身份特征，或场景拟真的情况时，这些生成或合成的信息内容会被加注显著标识。其他普通信息内容会被加注不影响用户使用的标识，但用户也可以选择显著标识进行加注。这一"基础标识 + 显著标识"的规定，显然是为了将人工智能生成内容与人类自然制作或创作的内容区分开来，其目的在于提示公众区分信息来源，尤其是涉及文本、聊天、身份识别方面等具有功能性的内容，主要防止诈骗犯罪和谣言的传播，与其权利保护以及侵权识别问题并无太大关联。因此，相关的规章是从网络安全、信息安全监管的角度出发，对权利保护存在一定的意义但并没有太大的作用，反而会因为警示标识造成公众对人工智能技术的歧视。事实上《办法》中的相关条款确实容易引起公众对人工智能生成内容的警惕。但如果商家使用人工智能生成的图片或文稿进行宣传时，在明显位置具有显著标识，则可能因公众对人工智能生成内容的歧视而影响其宣传效果，这就对人工智能的使用推广不利。然而，人工智能生成内容的合理标识无法避免，只有进行合理标识才能更好地加强内容治理和监管。

三、人工智能与其生成物的强制标记制度

如前文所述，为规范人工智能生成技术的市场，加强内容治理，生成式人工智能服务提供者，应当为其生成或合成的内容添加标识或显著标识。笔者认为，人工智能生成内容不应当仅仅加注人工智能生成的有关标识，而且应当标注生成该内容的人工智能和使用者，简而言之，即标明来源。

笔者这一观点是基于人工智能生成物的权利保护而提出的。首先，人工智能生成物在著作权框架下进行保护，那么有必要对其来源进行标注。根据前文所论，人工智能生成物的权利归属于人工智能技术的使用者，从署名权和利益归属的角度来说，人工智能生成物上标注使用者理所应当，其实现的是权利标识的功能。从内容治理的角度而言，公开传播的人工智能生成物也应当加注首次"挖掘"该生成内容的人。因为从责任分担的角度来看，人工智能设计者对其提供的生成式服务本身的算法、训练数据的合理性、合法性负责，人工智能运营平台对在其平台上提供服务的人工智能及其生成内容进行审核与监督，人工智能使用者对其自愿选择公开、传播的人工智能生成物承担一定的过错责任。为方便权责追究，使用者的身份也应在人工智能生成物上进行标识，其标识形式和性质与人类作品署名类似。

其次，人工智能生成物也应当对生成该内容的人工智能及其迭代版本、生成时间进行标注。这一标注的意义在于，对人工智能生成物的内容之间是否存在抄袭的判断具有参考价值，生成时间则可以为人工智能生成物之

间的关系确定提供可用的锚点。相同版本的同一人工智能经相同或相似的内容输入，可能生成相同或高度相似的内容。在人工智能生成作品的侵权判定中，人工智能备案名称和版本的标注能够为使用者使用哪一版本、哪一人工智能服务提供证明。此外，在机器作品的登记取得主义和人工智能生成物的强制标记制度下，人工智能生成作品的著作权归属于在先生成且登记的使用者。此时，生成时间的举证就显得尤为重要。一方面，生成内容上标注生成时间，这就为后续纠纷中生成先后的举证提供了可能；另一方面，人工智能提供服务的服务器可以采取区块链技术对相关内容日志进行记录，保证了生成时间的可证明性。

最后，权利来源标识能够以更快的速度降低公众对人工智能的排斥心理和对人工智能生成内容的歧视心理。生成式人工智能目前正处在技术升级的重要瓶颈阶段，数字内容工业化已成必然趋势。基于内容治理的要求，内容的标识必不可少，那么在人工智能技术这一发展趋势和需求下，采取权利标识的方式不仅能够将人工智能生成内容与人类作品轻易地区分，还在权利明晰的基础上，淡化公众对人工智能生成物的歧视心理和对人工智能技术的排斥心理，且能起到行政管理标识的部分警示作用。若行政管理在权利标识的基础上还需要对部分特定类型的人工智能生成物采取显著标识，可以另行规定。

第三节 人工智能生成物的侵权责任

人工智能生成内容一经公开和传播，就存在一定的侵权风险。在明确了人工智能生成内容的权利归属和权利内容的基础上，相关的侵权责任制度也就变得明朗起来。但由于人工智能生成内容的特殊性，其与人类作品不同的是并非只有权利人对其内容的合法性负责。依靠人工智能技术的内容生成与传播包括算法或模型研发、数据训练、算法运营、内容创作、内容运营、内容传播、内容审核等多个数字技术产业环节，人工智能生成内容虽然著作权归属于使用者，但对其内容的合法性负有一定义务，并为此可能承担责任的主体并不仅限于使用者，因此需要对人工智能生成物侵权与被侵权的相关问题进行进一步的细化讨论。

一、人工智能生成物的侵权判定

（一）作品侵权判定标准

我国著作权制度中对于侵权作品的判定标准采用的是"接触+实质性相似"的判定方法，目前该方法在司法实践中被广泛应用。这一方法最初是起源于美国法院 1869 年的 Laurence v. Dana 案，目前成为国际公认的认定著作权侵权作品的重要公式和标准。[1] 该案判决中，法院认为如果涉案内容与他人作品中具有独创性的部分相似，且无法以独立创作为由将其排除，那么这一行为构成不当使用，对作品造成了实质损害。[2] 此后，美国诸多巡回法院，在这一规则的基础上发展出多种判断作品是否构成实质性相似的判断方法，如"普通观众测试法"[3]"抽象观察法"[4]"整体观察法"[5]"外部/内部测试法"[6] 等。

"接触+实质性相似"作为我国著作权侵权案件中重要的裁判规则，在许多案件中被认为是判定著作权侵权的一项规则或者说判断标准。但也

---

[1] 王迁. 知识产权法教程［M］. 北京：中国人民大学出版社，2016：38.

[2] 张晓霞，张嘉艺. 侵权行为构成要件对"接触加实质性相似"规则的制衡——论侵害著作权纠纷的裁判思路［J］. 知识产权，2021（12）：40-51.

[3] Arnstein v. Porter, 154 F. 2d 464（2d Cir. 1946）.

[4] Nichols v. Universal Pictures Corp, 45 F. 2d 119, 121（2d Cir. 1930）.

[5] Roth Greeting Cards v. United Card Co. 429 F. 2d 1106, 1110（9th Cir. 1970）.

[6] Sid and Marty Krofft Television Productions, Inc. V. McDonald's Corp. 562 F. 2d 1157（9th Cir.1977）.

有学者指出,"接触+实质性相似"是侵权行为的判定规则[①],是作为侵权构成要件中"侵权行为"要素的认定标准。除此之外,学界对该规则存在其他不同的认识,如认为"接触+实质性相似"是著作权人提起侵权诉讼的必要条件。[②] 又如,还有观点认为实质性相似的判断在作品侵权判定中处于核心地位[③],侵权判定中应当考察作品是否存在实质性相似、接触以及是否存在合理抗辩事由。[④]

笔者认为,从广义的侵权行为理论来看,"接触+实质性相似"规则是判断被告是否存在对原告作品的著作权侵害行为。"实质性相似"意味着两件作品经鉴定构成实质性相似,创造在后的作品与在先的作品在表达形式或内容上构成同一。[⑤] 但只构成实质性相似并不能就此认定在后作品构成了对在先作品的不当利用。著作权法上存在各自分别独立创作但作品中存在偶然性的重复表达的情形。这一情形是为著作权法所认可的,每一作者都对其作品分别享有权利,互不侵权。在这一基础上,对作品的不当利用这一侵害行为的构成还需要加入"接触"可能性这一要素。在实际的侵权判定中,先对两个作品是否存在"实质性相似"进行判断,如果答案是肯定的,才有探讨被诉侵权人是否与原告作品有接触事实的必要性。

应当注意的是,"实质性相似+接触"规则并不仅限于对作品的复制或剽窃等行为的判断。著作权侵权行为中的侵害行为构成,实则是对作品的不当利用行为。行为人不当利用他人的智力成果,是公众接触权的滥用。[⑥] 其判断原理实际上是通过两个作品的实质创造性部分的对比,来判断在后作品是否利用了在先作品的创造性部分,即能够得出在后作品是否构成了

---

① 吴汉东.试论"实质性相似+接触"的侵权认定规则[J].法学,2015(8):63-72.
② 陈锦川.著作权侵权诉讼举证责任的分配[J].人民司法,2007(5):77-80.
③ 梁志文.版权法上实质性相似的判断[J].法学家,2015(6):37-50,174.
④ 阳贤文.美国司法中实质性相似之判断与启示[J].中国版权,2012(5):46-49.
⑤ 吴汉东.试论"实质性相似+接触"的侵权认定规则[J].法学,2015(8):63-72.
⑥ 吴汉东.试论"实质性相似+接触"的侵权认定规则[J].法学,2015(8):63-72.

在先作品实质部分的使用。随后再来判断这种使用是不是"不当的"。而是否具有实质性相似，这需要法官在个案中进行判断，接触的要素则需要依靠当事人的举证来进行解决。

由于"接触+实质性相似"规则在我国法律中并无明确的规定，是在美国判例规则的基础上发展而来，因此，该规则的适用和发展实际上还需要考察美国判例对该规则的发展。从诉讼程序上来讲，接触本身并不具有独立举证的程序法意义[①]，基于公众接触权，作品的接触行为本身不会构成对在先作品著作权的侵犯，也不必然会产生非法复制、传播等著作权侵权行为。因此，接触需要以作品的初步性相似一并作为对复制行为的举证要素，在得出肯定结论后再来考察实质性相似的问题。这一推论逻辑遵循美国Nichols案等案件提出并一直发展的"复制—盗用"的思路，表明了对复制行为（接触+初步性相似）和不当利用行为（实质性相似）的两阶段的逻辑。从这一逻辑出发，"接触+初步性相似"的判断结论旨在揭示在后作品是否使用了在先作品的实质创造性内容，"实质性相似"的判断则旨在确定这种使用是否构成"不当的使用"。如果在后作品虽然使用了在先作品中的受保护内容，但只要该内容在在后作品中的构成和功能被足够的弱化、退化且非核心、实质部分，则不构成实质性相似，进而不构成著作权侵权。[②]

1930年，Nichols案[③]中，汉德法官提出了抽象观察法，将作品的特定情节一层一层地剥离，剩下的会是越来越具有普遍性的内容和模式。在这一系列的剥离过程中有一个临界点，超过这个临界点，版权保护将会消失。这一方法也奠定了最初的思想表达二分法。基于抽象观察法，需要将作品

[①] 宋戈. 作品"实质性相似+接触"规则研究[D]. 武汉：中南财经政法大学，2019：86-89.

[②] Eugen Ulmer, Urheber- und Verlagsrecht 265-78 passim (3d ed. 1980).

[③] Nichols v. Universal Pictures Corp, 45 F. 2d 119, 121 (2d Cir. 1930).

创作最基本的元素从作品中抽象地分解抽离成独立元素[①],形成不同的抽象层次,将思想的普遍性模式剔除,就剩下的受保护因素进行比对,受保护的因素相同或构成实质性相似,则构成侵权;反之,思想的普遍性模式不受保护,相同也不构成侵权。[②]

Arnstein案[③]的判决所确立的"普通观众测试法"采取观众测试的方法,来判断被诉作品是否与原告作品存在实质性相似。在该案中,实质性相似被分为"是否有复制"和"是否有盗用"两步来进行测试,前者由专家进行作品的结构和分析,后者由陪审团作为普通观众基于对整个作品的印象来决定。在Roth案[④]中提出的"整体观察法"通过分析作品的所有要素,包括文本、文本的安排、图片,以及文本和图片之间的联系,并将这些要素作为一个整体来考虑,并不因其中单个要素属于公共领域而排除对其的著作权保护。"外部/内部测试法"则由Sid & Marty Krofft案[⑤]发展而来,外部测试是指确定思想上的相似性是否足以导致表达的实质性相似,由"普通的通情达理的人"的反应来决定,不依赖于专家的解构和分析。内部测试就是通过解构和分析来确定两部作品是否构成实质性相似,或通过整体的概念和感觉是否被复制来确定实质性相似的构成。

上述判例确定的"实质性相似"判定方法可以分成两个大的方向:一个是约减主义的体现和发展;另一个则是整体概念和感觉原则的适

[①] 袁博. 任意改编影视作品独立元素为何侵权[N]. 中国新闻出版广电报,2015-08-13(07).

[②] 卢海军. 论作品实质性相似和版权侵权判定的路径选择——约减主义与整体概念和感觉原则[J]. 政法论丛,2015(1):138-144.

[③] Arnstein v. Porter, 154 F. 2d 464(2d Cir. 1946).

[④] Roth Greeting Cards v. United Card Co. 429 F. 2d 1106, 1110(9th Cir. 1970).

[⑤] Sid and Marty Krofft Television Productions, Inc. V. McDonald's Corp. 562 F. 2d 1157(9th Cir. 1977).

用。① 前者是将作品进行要素上的解构和分析，有"限制"著作权保护范围的倾向；后者则是在整体以及整体的感觉上来进行完整的感知的判断，有"扩张"版权保护范围的偏好。在个案中，两者各自在适宜的案件和场合进行适用，才能较好地实现版权法的目的。②

"接触"的判断一般基于两种情形：一是被控侵权人事实上接触了享有著作权的在先作品；二是在一定情况下推定被控侵权人有接触权利人作品的事实，即事实接触说和接触可能性说。一般而言，后者是指原告的作品在被控侵权人的作品创作之前公之于众，因此推定被控侵权人存在接触的可能性。在 Selle 案③ 中，上诉法院认为尽管专家证人认为原被告的歌曲存在"惊人相似"，但由于被告提供了独立创作歌曲的证据，因此无法认定被告对原告作品存在著作权侵权。也有观点认为，当在后作品与在先作品明显相似，足以排除在后作品独立创作的可能性，即其相同或相似的程度难以用巧合做出解释。④ 这种理解在美国司法判例中也有适用，其原理是受普通法系事实自证制度的影响，即当陪审团一旦认定作品间存在"实质性相似"，则"接触"的法律事实也当然地成立。⑤ 这就导致在法律效果上，"实质性相似"被过度关注，"接触"要件则被舍弃，"使用—不当使用"的逻辑层级被压缩到后者一层，接触与实质性相似被混为一谈。实际上在原告无法举证证明被告"直接接触"了其作品的情况下，仅凭间

---

① 卢海军. 论作品实质性相似和版权侵权判定的路径选择——约减主义与整体概念和感觉原则 [J]. 政法论丛, 2015（1）: 138–144.

② 卢海军. 论作品实质性相似和版权侵权判定的路径选择——约减主义与整体概念和感觉原则 [J]. 政法论丛, 2015（1）: 138–144.

③ Selle v. Gibb, 741 F. 2d 896, 901（7th Cir. 1984）.

④ 陈锦川. 关于著作权侵权诉讼举证责任的分配 [M] // 蒋志培. 中国知识产权司法保护. 北京：中国传媒大学出版社, 2008: 241.

⑤ Shyamkrishna Balganesh. The Obligatory Structure of Copyright Law: Unbunding the Wrong of Copying [J]. Harvard Law Review, 2012, 125: 1664.

接证据对"接触"要件进行推定应当更加慎重。[①]我国法院在审判过程中对于间接证据推定"接触"事实的情形一般分为以下几种：一是原告的作品广为流传，且在一定范围内享有较高的知名度[②]；二是被告的作品仅仅改变和替换了在先作品的部分表达，并未对作品呈现方式和整体风格造成实质的影响[③]；三是原告作品中出现的本不该出现的谬误，被控侵权作品中出现了同样的谬误[④]；四是原被告属于同行业或同社交圈，存在接触原告作品的可能性[⑤]。

（二）人工智能生成物相关的侵权认定标准

与人工智能生成内容相关的侵权场景可能有以下几种：第一，人工智能生成内容与在先的人类创作作品构成相似；第二，人工智能生成内容之间存在相似。笔者将针对这两种情况分别对其侵权认定的细节要素进行一一讨论。

第一种情境是目前市场中最常见、最容易出现的情况，且是目前法律需要最先解决的主要问题。人工智能生成内容目前是通过算法对包括现有作品在内的数据进行学习，从而产生模型、规则等，并以此为基础对表达进行重新组合而生成的。从人工智能生成内容的质量对比来看，其可能存在对学习数据进行重复摹写的问题。当然，基于前述的机器作品登记和实质审查制度，能够通过实质性审查的机器作品具有较高的创造性，存在摹写问题的人工智能生成物会被拒绝提供著作权的保护。作品登记的实质审查被驳回的人工智能生成物被称为人工智能智力成果，仅具有部分财产利

---

① Repp v. Webber, 947 F. Supp. 105（S. D. N. Y. 1996.）

② Alpi International, Ltd v. Anga Supplt, 118 F. Supp. 3d 1172（N. D. Cal. 2015）.

③ Meier Co. v. Albany Novelty Manufacturing Co., 236 F.2d 144, 146（2d Cir. 1956）.

④ Nordstrom v. Radio Corporation of America, 251 F. Supp. 41, 41（D. Colo. 1965）.

⑤ Kamar Int'l, Inc. v. Russ Berrie and Co., 657 F. 2d 1059, 1062（9th Cir. 1981）. 成都市中级人民法院（2010）成民终字第3703号民事判决书。

益。在这一制度下，我们需要分别讨论，机器作品和人工智能智力成果中存在与在先人类作品相同或相似内容的侵权判定。

当人工智能生成作品中存在与在先人类作品相同或相似的内容，首先要明确的是，此处的人工智能生成作品已经经由版权管理部门进行实质审查和作品登记，获得了著作权的保护。此后，有创作在先的人类作品认为其表达与自己构成相似，起诉该人工智能生成作品侵权。在这种情况下，人工智能生成内容与人类作品存在雷同的部分，可能是算法设计不合理导致的，也可能是预训练数据或优化训练数据不合法导致的，还有可能是使用者输入了不合法的内容导致的。在"接触+初步性相似"的判断中，接触是指创作在后作品的人是否能够或已经获知在先作品的内容，从而导致的二作品内容相似，不构成不同创作者独立创作而导致的巧合，从而构成侵权。在人工智能作品的生成环节中，因算法设计导致的输入、输出内容重复是技术问题，与在先作品的接触与否并无关联。使用者输入侵权内容导致人工智能生成了侵权的内容，这一情形下可以适用接触的要素来进行判断。如果说在先作品是已发表的、能够为公众所接触到的，那么具有推定存在"接触"的理论可能性。值得注意的是，使用者输入的内容并不一定与人工智能生成的侵权内容相同或相似，但二者可能在人工智能的算法模型那里是具有一定逻辑关系的。当然，也存在使用者并未输入不合法的内容，但人工智能仍然生成了侵权的内容，这就可能与人工智能学习过程中使用的训练数据有关。人工智能在标注、学习、建模的过程中学习了未经授权的作品的内容，这就使得其表达模型和数据集是来自这些有侵权风险的内容，人工智能的摹写性导致其生成的内容侵权风险大大增高。因此，数据学习也可以作为构成"接触"的情形。

在讨论人工智能创作的过程和结果时，可能还存在一种极端的情形：假设从技术上来讲，可以通过算法伦理检验绝对地保证算法设计的合理性，训练数据和输入端均不包含侵权内容，当上述环节均不存在侵权风险，人工智能仍然生成了与在先人类作品内容相同或相似的内容，这种真正的巧合下的重复是否为著作权法所允许。在人类作品中，著作权的保护不以创作完成的先后顺序为保护前提，仅要求作品是独立创作完成的。与专利权相比，著作权只享有"相对化"的保护效力。[①] 当涉及采取登记取得主义、其算法和训练数据被严格监管的生成式人工智能，这种"独立创作"是否应当被认可。笔者认为，从目前的人工智能技术发展的层次而言，生成式人工智能的摹写性质较强，虽然说其算法转换的内容并非简单的模仿，但这种海量的摹写性内容不加监管必然会稀释原有作品著作权人的权利。因此，在人工智能生成物与在先作品的内容雷同的情形下，可以暂时一律采取推定存在"接触"的事实，除非人工智能设计者、使用者等相关主体能够提供足够的证据证明各个环节中不存在能够被认定为"复制"的行为。

第二种情境是构建了人工智能生成作品的审查和登记制度后更加常见的情况：在后生成的人工智能生成内容，与在先登记的人工智能生成作品的相似性与侵权问题。基于算法的差异性，即便是使用完全相同的训练数据和人工标注结果进行机器学习，也不太可能根据相同的输入指令得到完全相同的结果。但同类型的生成式人工智能终究存在一定的趋同性，这是由人类表达符号的含义趋同性所决定的。因此，当在先的人工智能生成内容被授予著作权的保护，在后生成的相似内容不应当受到保护，在实质审查的过程中，版权局就应当将这些创造性较低、存在侵权可能的内容排除在著作权保护之外，防止权属与侵权方面的纠纷。这也是由版权登记的对抗效力所决定的。而人工智能生成物之间侵权与否的判定，则还应当遵循前文论述的"接触+实质性相似"的规则。

二、人工智能生成物侵权损害赔偿的归责原则

我国著作权法规定，有著作权侵权行为的，应当根据情况，承担停止侵害、消除影响、赔礼道歉、赔偿损失等民事责任。从归责原则的角度来讲，停止侵害、消除影响、赔礼道歉，视侵犯的权利类型为根据来承担相应的

---

① 宋戈. 作品"实质性相似+接触"规则研究[D]. 武汉：中南财经政法大学，2019：86-89.

责任。而损害赔偿责任的承担，需要依靠归责原则来确定侵权人是否需要向权利人赔偿损失。Trips协议《与贸易有关的知识产权协议》第45条规定，对已知或有充分理由应知自己从事活动系侵权的侵权人，司法当局应有权责令其向权利人支付足以弥补因侵犯知识产权而给权利人造成之损失的损害赔偿费。在适当场合即使侵权人不知，或无充分理由应知自己从事之活动系侵权，成员仍可授权当局责令其返还所得利润或令其支付法定赔偿额，或二者并处。上述第一款规定的是知识产权侵权的过错归责原则，第二款规定的则是无过错责任原则。这就排除了著作权侵权问题只能适用过错责任或只能适用无过错责任的观点。[①] 在我国司法实践中，著作权侵权的损害赔偿责任以过错原则为主，以过错推定原则和无过错责任为补充来平衡各方利益。

（一）生成式人工智能服务属性与产品属性

人工智能生成内容的技术应用在《办法》中被称为"生成式人工智能"。《办法》首次试图明确人工智能生成内容的侵权责任，在第五条中规定利用生成式人工智能提供聊天、文本、图像、声音生成等服务提供者，包括通过提供可编程（API）接口等方式支持他人自行生成上述内容的，承担该产品生成内容生产者的责任。这一规定将生成式人工智能定性为商家生产的产品，在市场上流通需要生产商为该产品承担瑕疵担保责任。这一规定虽然具有一定的理论基础和责任考量，即生成式人工智能作为网络市场中服务提供者为公众提供的网络服务产品，承担生产者责任似乎在逻辑上并无不妥，且生产者责任是无过错责任，一方面适合严监管的需求，另一方面可以避免在人工智能算法设计和数据训练过程中的过错问题的讨论。

笔者认为，直接要求人工智能提供者对其生成内容承担生产者责任存

[①] 尹雪英. 著作权侵权认定归责和损害赔偿的经济学分析［J］. 经济论坛，2005（16）：111–114.

在不妥之处。生产者承担责任是因产品缺陷造成他人损害,产品缺陷包括警示缺陷、设计缺陷、制造缺陷和跟踪观察缺陷。上述产品缺陷有一共同点,即生产者存在警示、设计、制造、跟踪观察方面的过失导致产品存在不合理风险。虽然生产者责任是无过错责任,并不考虑生产者的主观过错,但从客观上来讲,必须是生产者在设计研发、生产以及后续跟踪观察阶段客观上,未尽到应尽的义务而导致的,且应当是不合理风险。换言之,没有完全完美无缺的产品,在风险社会的大背景下,法律允许各类产品的合理风险的存在。生产者承担产品责任需要三个条件:一是生产了不合格的产品;二是不合格产品造成了他人财产、人身损害;三是产品缺陷和受害人的损害事实之间存在因果关系。因此,生产者是否承担责任与其是否遵守产品质量法的规定有关,与产品本身的风险度高低无关。在这一制度理念下,人工智能生成内容的侵权责任,可能并不符合生产者责任的理论基础和制度安排。

学界目前鲜少有关于人工智能属性的探讨,但不乏关于以"人工智能产品"为对象的研究。这类研究一般是着眼于搭载人工智能算法的机械或其他物质载体,如自动驾驶汽车、机器人等。这一"产品"的描述仅仅是对其作为在市场上流动的"商品"的描述,是对主体需求进行满足的客体属性的确认,并未对人工智能算法"服务"与"产品"的属性进行确定。或者说,本来这一属性问题或许并不会影响到人工智能生成物的责任承担命题,但《办法》既已提出要求生成式人工智能提供者承担生产者责任,这表明人工智能算法是产品还是一种服务,对于算法开发者的责任承担和责任构成要件具有重要影响。

对于人工智能技术的服务属性和产品属性之争,美国早在20世纪末就已经有所争论:有些法院认为算法不属于产品,信息本身不构成产品责任中的产品,理由是其缺乏有形的形式。[1] 然而也有学者认为,无形性并

---

[1] Winter v.O.P.Putnam's Sons, 938 F.2d 1033, 1036(9th Cir.1991);Torres v.City of Madera, No.09-16573, 2005 WL 1683736, 46-49(E.D.Cal.2005).

不能成为其不归类为产品的理由，即使其功能可以类比专业服务，但仍然可以归类为产品[①]，因为其可以批量生产[②]，并且具有潜在风险[③]。

我国法律目前将服务与产品分开进行规制，产品责任与服务主责人的归责原则并不相同。例如，《民法典》将专业医疗服务中所产生的医疗损害赔偿，与医疗服务过程中因医疗器械等产品的缺陷导致的产品责任明确地区分开来。《民法典》第一千二百一十八条明确，诊疗过程中造成的损害，医疗机构或其医务人员有过错的，才由医疗机构承担赔偿责任。《民法典》一千二百二十三条规定，药品、消毒产品、医疗器械的缺陷或不合格血液造成患者损害的，最终的赔偿，责任是由药品上市许可持有人、生产者、血液提供机构来承担。而生产者责任规定在《民法典》第一千二百零四条：产品缺陷造成他人损害，生产者应当承担侵权责任。这一规定显然与前者不同，是严格责任，即无过错责任。无论生产者是否有过错，都应当承担赔偿责任。

普通法系同样对服务提供者的侵权行为实施过错责任为基础的注意义务规制[④]，与我国规定的区别只在于，在专业服务过程中，产品使用行为被认为完全附属于服务，因而不能适用产品销售立法而应当适用过错责任。[⑤]

对于人工智能是产品还是服务，有观点认为智力成果不应当适用产品责任中的严格责任。[⑥]也有学者认为，只有与物质载体相结合的智力成果

[①] Chagal-Feferkorn K. Am I an Algorithm or a Product?When Products Liability Should Apply to Algorithmic Decision-Makers［J］. Stanford Law and Policy Review，2019，30：83.

[②] Saloomcy v.Jeppesen&Co.，707 F.2d 671，676（2d Cir.1983）.

[③] Fluor Corp.v.Jeppesen&Co.，170 Cal.APP.3d 468，474-475（1985）.

[④] 赵西巨. 我国《侵权责任法》中的医疗产品责任立法之反思［J］. 东方法学，2013（2）：94.

[⑤] 贺栩溪. 人工智能算法侵权法律问题研究［D］. 长沙：湖南师范大学，2021：90.

[⑥] 程啸. 侵权责任法［M］. 北京：法律出版社，2015：492.

才属于产品，其他的均不能适用产品责任。[1]还有观点认为，实用性或工具性信息的智力成果适用产品责任，思想、创意等涉及言论自由的智力成果不应适用产品责任。[2]笔者认为，这些观点都是从智力成果是否适合适用产品责任这一角度，来反推智力成果不是产品这一逻辑起点，有从因果倒推之嫌。笔者认为应当从生成式人工智能本身的属性入手，先对其产品属性和作品属性进行确认，再在明确其法律地位的基础上探讨其应当适用何种归责原则。

根据《中华人民共和国产品质量法》的规定，产品是"经过加工、制作、用于销售的产品"。这一定义显然在语言上具有同语反复之嫌[3]，但我们仍然可以提炼出其中关于产品的构成要件："经过加工、制作""用于销售""产品或者说是物品"。加工是指在未改变物质形态基础的前提下提升其价值的行为，制作是指彻底改变物质的基础形态，或者是在不存在原有物质的基础上，从无到有地创造出新的物质的行为。[4]"加工、制作"从本质上而言，是人类通过一定方式的劳动改变或不改变物质形态的行为。人工智能作为一项智力成果，本身就具有劳动属性，是人类智力劳动的结晶。"用于销售"这一要件是指，人类经劳动改变或创造的成果经市场进行交换和流通。人工智能作为计算机软件作品，其许可使用和转让就是软件作品在市场上流通的方式。最后的"物品"这一要件，从一般意义上而言，仅指物质的实体存在。而人工智能的存在形式具有多样性。有观点会认为，人工智能作为软件和程序，必须以数据、算法形式存储在硬盘或机器中才能为人类所使用，因此不论其本身是否具有无形性，要发挥功能，软件必须与硬件相结合，人工智能最终实现功能时必然是以产品的形式。且产品

---

[1] 王泽鉴. 侵权行为 [M]. 3版. 北京：北京大学出版社，2016：649.

[2] 亓培冰，张江莉. 产品责任前沿问题审判实务 [M]. 北京：中国法制出版社，2014：18.

[3] 温世杨，吴昊. 论产品责任中的"产品" [J]. 法学论坛，2018（3）：75.

[4] 贺栩溪. 人工智能算法侵权法律问题研究 [D]. 长沙：湖南师范大学，2021：90.

或者说物品，并不限于无体物，电能、热能等无体物也能在市场上被储存和销售。人工智能算法在虚拟空间所存在的形式也构成"物品"，更别提以有体物为载体的人工智能机器人。[①]因此，从产品的构成而言，生成式人工智能或人工智能机器人等都符合产品的属性要求。

此外，还可以从产品与服务的差异来确定生成式人工智能的属性。产品的提供主要锚点在于物品和其他价值的交换，服务的提供则主要依赖于人的行为。例如，医疗器械的提供是由该物品的买卖交易实现的，而医疗服务的提供则依赖于医疗人员的一系列操作行为来实现。同理，人工智能程序为人类提供的解决问题的方法或生成、合成特定内容，这一效果是基于人工智能程序的下载和复制来实现的，与其他人的行为交互没有实质的关联。从这一角度看，生成式人工智能也更符合产品而不是服务的特征。

在《办法》中，生成式人工智能被定义为基于算法、模型、规则生成文本、图片、声音、视频、代码等内容的技术。实则就是能够生成各种表达内容的人工智能技术。《办法》的条文中统一采用了"生成式人工智能产品"的字眼，但在行文时又使用了"利用生成式人工智能产品提供……服务"的描述，这就导致其中对于生成式人工智能的具体属性的误读。实则该条文的含义是指，人工智能算法生成式人工智能服务提供者通过网页、API接口等方式为用户提供内容生成、合成、编辑等基于该产品的服务。在明确生成式人工智能的产品属性的基础上，也不能当然地认为其提供者承担生产者责任这样的严格责任，具体的归责原则，还有待进一步的探讨。

（二）人工智能生成物侵权的归责原则

产品与服务的侵权行为适用不同的归责原则，主要原因在于社会利益的平衡。产品责任也并非一开始就被规定为无过错责任，最初的产品侵害问题都是通过一般侵权责任制度来解决，随着缺陷产品侵权责任制度的建

---

① 贺栩溪．人工智能算法侵权法律问题研究［D］．长沙：湖南师范大学，2021：94．

立，才逐渐形成过错责任与严格责任的双轨制。①大陆法系国家和地区通常采取一般侵权责任与特殊侵权责任的结合，将生产者的不作为间接侵权样态转化为安全注意义务，来作为判断加害行为的不法行为及归责基础的重要依据。②生产者在设计、生产、提供产品时负有安全注意义务，违反安全注意义务而对他人造成损害则应当承担责任，这一义务的违反就是其主观过错所在。

产品缺陷责任则是当产品存在不合理的缺陷从而导致他人受损，生产者应对此损害进行赔偿。所谓的"缺陷"是指产品不能提供合理期待的安全。③相关的判断与所有相关的情况有关，包括产品现状、被预期的用途和产品投入流通的时间、危险本身的大小以及该危险是否能客观可知。④在这一责任制度下，仅对产品客观是否存在不合理缺陷和不合理风险进行判断，不考量生产者的主观过错。所谓产品缺陷，是指产品合理安全性上的欠缺，合理程度的判断基准为综合性评价，包括产品本身的特性、通常的用途、流通的时期等一切相关的要素。⑤当然，严格责任并非绝对责任，生产者责任的承担具有一定的免责事由，包括产品未投入流通、缺陷在产品投入流通时不存在、受科技水平所限生产者在将产品投入流通时不足以发现缺陷等。

对于人工智能有关的侵权行为，有学者认为为破除算法黑箱的不透明以及歧视的隐蔽性，应当适用无过错责任原则。⑥2016年联合国教科文组

---

① 贺琛. 缺陷产品侵权责任研究［D］. 南京：南京大学，2016：63.
② 郭丽珍. 我国产品责任法十年来之发展概论［J］. 月旦法学，2004，110：31.
③ 《德国产品责任法》第三条.
④ 多伊奇，阿伦斯. 德国侵权法［M］. 叶名怡，温大军，译. 5版. 北京：中国人民大学出版社，2016：135-136.
⑤ 贺琛. 缺陷产品侵权责任研究［D］. 南京：南京大学，2016：68.
⑥ 金韬. 歧视可以"间接"吗？——对间接歧视可责性问题的分析［J］. 法制与社会发展，2021，27（6）：51-67.

织发布的《关于机器人伦理的初步草案报告》也提出，智能产品应视为通常意义上的科技产品，对智能产品及其技术造成的损害，可由产品责任的相关制度予以调整。对此，笔者认为，在有关本身已经采取严格责任的产品领域，如自动驾驶汽车等，可以适用严格责任，但对人工智能在生成内容方面的应用生产出来的生成式人工智能产品，不应当适用无过错责任来进行归责。

从法律规范的层面来看，适用无过错责任的特殊侵权行为，都是在社会发展过程中发现某一新型行为会对社会秩序会造成严重破坏，才会增加关于特殊侵权行为的种类有关的规定。《办法》要求生成式人工智能产品提供者对人工智能生成的内容承担生产者责任，这一规定从规范和逻辑的角度来讲并不合理。首先，生成式人工智能虽然是技术发展的新产物，但并非会对社会秩序造成严重破坏的事物。其次，人工智能生成内容的侵权并非人工智能产品的直接侵权，而是使用者使用了人工智能产品生成的内容构成的侵权，从产品生产和销售的环节来讲，使用者才是人工智能生成内容的生产者，人工智能设计者才是人工智能的生产者，人工智能产品提供者只是销售者的定位。要求"销售者"身份的产品提供者承担生产者责任，必然是不妥当的，因为在产品责任制度中，销售者仅对因其过错造成的产品缺陷导致的损害承担赔偿责任。从这一角度来讲，《办法》中的这一规定显然是对市场主体的角色划分有误，导致的责任分配和责任归责的错误。最后，从立法目的的角度而言，无过错责任是要求生产者承担比以往更高的注意义务，这种注意义务一般是针对破坏性较强、不以人的主观意志而改变的新型结构性风险。[1] 而人工智能生成内容可能导致损害的风险，是能够通过人的主观能动性来进行修正或排除的：从业者能够通过对人工智能设计、学习等各个环节的严格把控来削减其生成内容的侵权风险；使用者也能够通过优化训练、自训练、控制输入内容等方式减少生成内容的侵

---

[1] 袁文全. 算法歧视的侵权责任治理［J］. 兰州大学学报（社会科学版），2023，51（2）：89-99.

权风险；再辅以生成内容的权责明确的配套保护机制，人工智能生成内容的侵权风险会大幅度降低。换言之，人工智能生成内容目前存在大量的侵权风险的主要原因，并不在于算法的黑箱性和不可解释性，而是在于对该技术产业应用的有效规范还大大不够。

因此，结合现阶段对于人工智能技术发展促进的现实需求，笔者认为人工智能生成内容侵权的归责原则应当采取过错责任原则。当然考虑到人工智能技术的专业性较强，以及其中算法和数据的繁杂性和保密性，普通人难以接触和理解到人工智能的底层算法逻辑，故而可以采取过错推定原则，过错因素的举证责任由生产者、设计者、运营方等相关主体承担。

三、人工智能生成物著作权侵权责任的承担

生成式人工智能的上下游产业链中，从研发到内容传播，主要包括算法设计与研发、算法训练与优化、算法运营、算法创作内容、内容运营、内容传播、内容分发、内容审核等环节[1]，包括人工智能产业与数字内容产业两大部分。从上述产业链中，我们可以大致分离出可能参与其中的市场主体并将其类型化：人工智能开发者、人工智能运营平台、人工智能内容平台、人工智能使用者（用户）。其中人工智能开发者可能包含不止单个市场主体，因为人工智能研发的过程也涉及多个阶段和多方合作，但本书在此将参与人工智能设计与研发的所有主体统一归类为人工智能开发者。人工智能运营平台与内容平台虽然运营内容不同，但都属于平台类经营者，因此与其有关的责任承担可以一同对比讨论。人工智能使用者（以下简称"用户"）是生成式人工智能相关产品和服务的终端，但并不是内容的消费终端；相反，用户是内容的生产者和挖掘者，在数字内容产业中，占有重要的一环。事实上，公众才是数字内容产业的最终受众。

---

[1] 中国信息通信研究院，京东探索研究院.人工智能生成内容（AIGC）白皮书（2022年）[R/OL].（2022-09-02）[2023-06-30］. http://www.caict.ac.cn/sytj/202209/t20220913_408835.htm.

人工智能生成物侵犯著作权的责任承担问题，应该要具体到各个产业环节中来进行讨论，明晰每一市场主体分别承担的责任。

（一）人工智能开发者责任

人工智能生成内容构成著作权侵权，一般就是由于其表达与在先的人类作品构成实质性相似。关于人工智能生成内容的实质性相似判断的方法和标准在前文已经有所论述，当确认人工智能生成内容构成侵犯著作权，确定责任承担主体的前提是明确该内容构成侵权的原因。在人工智能开发的阶段，人工智能设计者对算法设计负有科技伦理保证义务，即确保该人工智能算法能够通过科技伦理审查，此外，还要确保其通过算法机制审查。科技伦理原则主要包括增进人类福祉、尊重声明权利、坚持公平公正、合理控制风险、保持公开透明等要求。[①] 科技伦理对生成式人工智能的要求具体可以体现为丰富人类娱乐活动和精神世界、传递主流价值观、维护国家统一和安全、不危害国家和公共利益、不侵犯他人合法权益等。单从权利保护的角度来讲，生成式人工智能不得具有犯罪诱导性、潜在的侵权性等特征。在著作权法方面，算法逻辑不应当被设计为以对其他作品进行不当利用为目的。

人工智能开发者还包括人工智能数据训练者。数据训练应当建立合法合理的学习数据筛选标准、统一的数据标注标准，并以该标准作为数据筛选和数据训练的执行准则，确保人工智能训练数据的合法性和数据标注的合法性。当然，数据标注对于人工智能算法的模型和规则生成具有重大影响，也应当符合社会伦理和正向价值观。在著作权保护方面，人工智能训练数据不得包含未经授权的受保护作品，不得对数据进行侵权诱导性标注导致其生成侵权内容的可能性加大。

在侵权责任的承担上，当人工智能生成内容的侵权是由开发者因素所

[①] 参见中共中央办公厅、国务院办公厅印发的《关于加强科技伦理治理的意见》。

导致的，即由生成式人工智能自身运算混乱或本身设计逻辑引起的，或是由数据训练存在侵权样本或侵权诱导性标注导致的，那么相应的开发者应当对该内容侵犯著作权承担责任。从生产者责任的角度来讲，人工智能开发者作为人工智能算法的生产者，当其研发上市流通的算法被证实存在切实的侵权风险，相关部门可以责令开发者收回该人工智能产品，并对其进行算法调整和重新训练，或者永久下架该产品。在证明责任上，根据前述，人工智能生成内容的归责原则采取过错推定原则，因而开发者承担证明其不存在研发、训练过程中的过错，该责任可能应当归于其他主体，或该侵权行为的出现是由于技术发展程度在上市前未能检测出该风险，才能免于或部分免于承担损害赔偿责任。

（二）人工智能提供者责任

在人工智能技术进程的现阶段，人工智能开发者与提供者往往是同一市场主体，这是由目前的算力水平、数据规模和技术研发难度决定的。人工智能的研发成本和训练成本巨大，研发成功一般是进入市场来获得盈利，成本转嫁给另一市场主体来进行运营的概率极低。但随着技术的进一步发展，人工智能本身将具有直接的变现投资价值，能够作为商品进行频繁流转存在可能。届时，人工智能开发者与提供者（软件作品所有者）的身份就将分离到不同市场主体上。基于此，人工智能开发者与提供者责任承担的分别讨论具有技术前瞻性的意义。此外，从产业环节上来讲，人工智能开发者与提供者本就分饰不同的产业角色，二者在责任承担分配体系中应负的责任与义务自然也不同。

人工智能提供者在人工智能产业链中处于风险承担的角色，对于开发者来说，人工智能的未来获利是不清晰、无法预见的，而人工智能提供者将人工智能的软硬件一并收购，这对于开发者而言达到了风险转嫁和资本回流的效果。而在人工智能产品面向公众提供服务时，人工智能提供者相对于运营平台和用户而言处在销售链的最上游，加上人工智能提供者需要自行对算法进行评估、维护和优化训练，因此提供者也会转化为商品的生产者的身份。因此，提供者这一身份是当人工智能的收益风险转嫁完毕后，自动继承了开发者对人工智能算法的一系列义务。

此外，人工智能提供者还需要承担开发者所不需要承担的义务——内容治理义务。在服务提供过程中，提供者应对用户的输入信息、使用记录以及输出信息进行审查或比对，以尽快地发现侵权内容的生成。由于提供者对于用户生成内容是否具有后续的公开和传播行为无法控制，输入内容和输出内容若侵权就使得人工智能提供者自己也存在侵权风险。提供者有义务对用户输入内容和输出内容进行审查并及时进行处置。在叨叨记账案中，法院从整体商业目的、规则设计和算法设计三个层面的分析认为，公司能够基于算法运营发现用户上传了侵权内容，甚至于该算法本身就是诱导用户上传并输出侵权内容，因此该公司存在侵权行为。[1] 根据《办法》的规定，提供者在运行中发现、用户举报的不符合本办法要求的生成内容，应采取内容过滤措施，并且在三个月内通过模型优化训练等方式防止再次生成类似的不合法内容，必要时可以暂停或终止对该用户的服务。如果提供者未能履行上述义务导致生成内容侵权并被起诉的，提供者需要在其过错范围内承担相应的赔偿责任。

（三）人工智能运营平台和内容平台责任

人工智能运营平台是指为人工智能产品提供运营的平台服务提供者。人工智能内容平台是指为人工智能生成内容提供交易平台的网络服务提供者。上述两类平台与其他类型的平台，如电子商务平台，从本质上而言都是平台经营者，只不过人工智能运营平台聚合并担保人工智能产品的相关交易，人工智能内容平台聚合并担保人工智能生成内容的相关交易。有时候，人工智能开发者也可能成为平台服务提供者，如以自研发的生成式人工智能作为单一的产品通过网页、API 接口服务等各种方式向用户提供，并以此搭建由该人工智能生成的内容聚合平台。

---

[1] 参见（2020）京 0491 民初 9526 号民事判决书。

上述两类平台本质上就是网络服务提供者，也是在诸多研究中提到的"平台经营者"。鉴于平台经营者的义务与责任已有相关的法律规定，基本可以直接适用在人工智能运营平台和内容平台，但可能在不同情形下会存在细微的差别。人工智能运营平台需要承担平台监管义务，应当对在该平台提供产品和服务的人工智能进行筛选和审查，确保其具有国家规定的各类上市资质和备案手续、安全评估证明等。作为产品聚合平台，其注意义务和承担责任的限度与电子商务平台相同。人工智能内容平台需要承担内容治理义务，作为内容发布和聚合平台，其内容治理义务与现有的创作内容聚合平台相当。

（四）用户责任

人工智能生成内容与人类作品构成相似并侵权，可能是由于在数据学习的过程中人工智能接触了该在先作品，并因算法设计存在缺陷导致严重的摹写情况；也可能是由于使用者输入了侵权内容，引导人工智能生成了含有侵权片段的内容。从生成内容的公开与传播链条中来看，用户实则是该人工智能生成内容的生产者。因而，《办法》中拟规定人工智能提供者承担生成内容的生产者责任，笔者并不赞同这一条款。如上所述，人工智能生成内容的侵权可能是单方或多方原因造成的，必须寻找人工智能创作过程中，哪一主体在人工智能生成内容构成侵权上存在过错。除却上述人工智能本身相关的市场主体以及其他平台外，用户也是侵权责任分配中必不可少的一环。

虽然从内容生成来讲，用户自己实则并不能预料到其使用的人工智能会输出何种内容，但用户对人工智能生成内容是具有预期的，也可以理解为前文提到的创作意图。当其创作意图就在于生成与在先作品相同或近似的内容，意图侵权，那么就可以认定该用户具有侵权的主观意图，存在侵权的主观过错，应当在其过错范围内承担相应的责任。换言之，在上述市场主体中，如果各方都有过错，那么各自需要根据比例原则承担相应的赔偿责任。如果仅一方存在过错，那么仅该方独自向权利人承担损害赔偿责任。

参考文献

[1] 巴尔特. 作者之死[M]. 怀宇, 译. 天津: 百花文艺出版社, 2005.

[2] 博登海默. 法理学[M]. 北京: 中国政法大学出版社, 1998.

[3] 曹新明, 咸晨旭. 人工智能作为知识产权主体的伦理探讨[J]. 西北大学学报(哲学社会科学版), 2020(1): 101.

[4] 曹新明. 知识产权法哲学理论反思——以重构知识产权制度为视角[J]. 法制与社会发展, 2004(6): 63.

[5] 曹源. 人工智能创作物获得版权保护的合理性[J]. 科技与法律, 2016(3): 488-508.

[6] 曾白凌. 目的之"人": 论人工智能创作物的弱保护[J]. 现代出版, 2020(4): 56-64.

[7] 陈凡, 程海东. 人工智能的马克思主义审视[J]. 思想理论教育, 2017(11): 17-22.

[8] 陈虎. 论人工智能生成内容的可版权性——以我国著作权法语境中的独创性为中心进行考察[J]. 情报杂志, 2020, 39(5): 149-153, 128.

[9] 陈吉栋. 论机器人的法律人格——基于法释义学的讨论[J]. 上海大学学报(社会科学版), 2018, 35(3): 78-89.

[10] 陈锦川. 关于著作权侵权诉讼举证责任的分配[M]//蒋志培. 中

国知识产权司法保护．北京：中国传媒大学出版社，2008：241．

［11］陈锦川．著作权侵权诉讼举证责任的分配［J］．人民司法，2007（5）：77-80．

［12］陈自富．炼金术与人工智能：休伯特·德雷福斯对人工智能发展的影响［J］．科学与管理，2015（4）：60．

［13］程啸．侵权责任法［M］．北京：法律出版社，2015．

［14］党家玉．人工智能的伦理与法律风险问题研究［J］．信息安全研究，2017，3（12）：1080-1090．

［15］德霍斯．知识财产法哲学［J］．周林，译．北京：商务印书馆，2008．

［16］刁胜先，秦兴翰．论人工智能生成数据法律保护的多元分层模式——兼评"菲林案"与"Dreamwriter案"［J］．重庆邮电大学学报（社会科学版），2021（3）：41-53．

［17］丁凤玲．《民法典》时代商用人工智能法律地位的商法构设［J］．南京大学学报（哲学·人文科学·社会科学），2022，59（3）：45-52，158．

［18］丁宁．财产权何以可能——论洛克、康德和黑格尔的财产获得思想［J］．吉林大学社会科学学报，2020（6）：204．

［19］多伊奇，阿伦斯．德国侵权法：第5版［M］．叶名怡，温大军，译．北京：中国人民大学出版社，2016．

［20］法丽娜．法制利益论［D］．上海：复旦大学，2009．

［21］冯晓青．知识产权法哲学［M］．北京：中国人民公安大学出版社，2003．

［22］冯晓青．知识共有物、洛克劳动学说与知识产权制度的正当性［J］．金陵法学评论，2020，1：76．

［23］冯子轩．人工智能与法律［M］．北京：法律出版社，2020．

［24］郭欢欢．AI生成物版权问题再思考［J］．出版广角，2020（14）：37-39．

[25] 郭家利.元宇宙背景下人工智能著作权法律主体资格问题研究［J］.上海法学研究，2022，11：8.

[26] 郭立.表面边界模型智能生成的研究［J］.中国科学技术大学学报，1990（3）：336-342.

[27] 郭丽珍.我国产品责任法十年来之发展概论［J］.月旦法学，110：31.

[28] 郭少飞.人工智能"电子人"权利能力的法构造［J］.甘肃社会科学，2019（4）：108-116.

[29] 贺栩溪.人工智能算法侵权法律问题研究[D].长沙：湖南师范大学，2021.

[30] 黑格尔.法哲学原理［M］.范扬，张企泰，译.北京：商务印书馆，1961.

[31] 胡开忠.知识产权法中的公有领域的保护［J］.法学，2008（8）：63-74.

[32] 胡裕岭.欧盟率先提出人工智能立法动议[J].检察风云，2016(18)：54-55.

[33] 黄玉烨，司马航.孳息视角下人工智能生成作品的权利归属［J］.河南师范大学学报（哲学社会科学版），2018，45（4）：23-29.

[34] 金韬.歧视可以"间接"吗？——对间接歧视可责性问题的分析.法制与社会发展，2021，27（6）：51-67.

[35] 康德.康德著作全集：第六卷［M］.张荣，李秋零，译.北京：中国人民大学出版社，2007.

[36] 孔珊珊.基于深度学习的机器人舞蹈自动生成研究［J］.自动化与仪器仪表，2022（4）：237-240.

[37] 赖名芳.如何释解作品登记将"一统天下"——访中国版权保护中心副主任范继红［N］.中国新闻出版报，2012-02-02（7）.

[38] 李琛.论人工智能的法学分析方法——以著作权为例［J］.知识产权，2019（7）：14-22.

[39] 李琛. 著作权基本理论批判［M］. 知识产权出版社，2013.

[40] 李德毅. 人工智能导论［M］. 北京：中国科学技术出版社，2020.

[41] 李国泉，何刚，倪晶旌. 人工智能生成物在著作权法中的梯次定性［J］. 上海法学研究，2023，6：205.

[42] 李晖，曹汉房. 试题信息管理系统及试卷智能生成技术［J］. 华中理工大学学报，1993（3）：93–97.

[43] 李开复，王咏刚. 人工智能［M］. 北京：文化发展出版社，2017.

[44] 李明德. 美国知识产权法［M］. 北京：法律出版社，2003.

[45] 李晓磊. 一种新型的智能优化方法——人工鱼群算法［D］. 杭州：浙江大学，2003.

[46] 李扬，李晓宇. 康德哲学视点下人工智能生成物的著作权问题探讨［J］. 法学杂志，2018，39（9）：43–54.

[47] 梁志文. 版权法上实质性相似的判断［J］. 法学家，2015（6）：37–50，174.

[48] 梁志文. 论人工智能创造物的法律保护［J］. 法律科学（西北政法大学学报），2017，35（5）：156–165.

[49] 林秀芹，刘文献. 作者中心主义及其合法性危机——基于作者权体系的哲学考察［J］. 云南师范大学学报（哲学社会科学版），2015，47（2）：83–92.

[50] 林秀芹，游凯杰. 版权制度应对人工智能创作物的路径选择——以民法孳息理论为视角［J］. 电子知识产权，2018（6）：13–19.

[51] 林智涌，杨雪梅，李海银，等. 人工智能创作物著作权保护的争议与对策［J］. 传播与版权，2022（5）：108.

[52] 刘建伟，刘媛，罗雄麟. 深度学习研究进展［J］. 计算机应用研究，2014，31（7）：1921–1930，1942.

[53] 刘利. 作品登记的不同实践与我国作品登记制度的完善［J］. 中国

出版，2017（5）：17-20.

［54］刘强，马欢军. 人工智能创作物利益分享机制研究［J］. 贵州师范大学学报（社会科学版），2018（3）：153-160.

［55］刘强. 人工智能创作物邻接权保护模式研究——兼论人工智能创作物制作者权的构建［J］. 山东科技大学学报（社会科学版），2020，22（2）：28-37.

［56］刘强. 人工智能知识产权法律问题研究［M］. 北京：法律出版社，2020.

［57］刘文献. 从创造作者到功能作者：主体范式视角下著作权作者中心主义的兴与衰［C］//周赟. 厦门大学法律评论：第二十八辑. 厦门：厦门大学出版社，2016：84.

［58］刘宪权，胡荷佳. 论人工智能时代智能机器人的刑事责任能力［J］. 法学，2018（1）：40-47.

［59］刘宪权. 对强智能机器人刑事责任主体地位否定说的回应［J］. 法学评论，2019（5）：113-121.

［60］刘宪权. 人工智能时代的刑事风险与刑法应对［J］. 法商研究，2018，35（1）：3-11.

［61］刘鑫. 人工智能创造物知识产权保护的正当性释疑——黑格尔"财产权人格学说"下的理论征程与制度调适［J］. 科技与法律，2020（6）：41-47.

［62］刘鑫. 人工智能对知识产权制度的挑战与破解——洛克"财产权劳动学说"视角下的路径选择［J］. 云南社会科学，2020（6）：138-145，185.

［63］刘影. 人工智能生成物的著作权法保护初探［J］. 知识产权，2017（9）：44-50.

［64］刘有东. 著作人格权制度研究［D］. 重庆：西南政法大学，2010.

［65］卢炳宏. 论人工智能创作物独创性判断标准之选择［J］. 内蒙古社

会科学，2020，41（4）：102-108.

［66］卢海军. 论作品实质性相似和版权侵权判定的路径选择——约减主义与整体概念和感觉原则［J］. 政法论丛，2015（1）：138-144.

［67］卢新来，杜子亮，许赟. 航空人工智能概念与应用发展综述［J］. 航空学报，2021，42（4）：251-264.

［68］洛克. 政府论：下篇［M］. 叶启芳，翟菊农，译. 北京：商务印书馆，1996.

［69］马驰. 谁可以成为法律主体［J］. 甘肃社会科学，2022（4）：129.

［70］孟志刚，吴云伟，姜宇杰. 基于深度学习的财务机器人自动撰文场景研究［J］. 长沙大学学报，2021，35（2）：9-14.

［71］诺内特，塞尔兹尼克. 转变中的法律与社会：迈向回应型法［J］. 张志铭，译. 北京：中国政法大学出版社，1994.

［72］潘云鹤，樊锦诗. 敦煌·真实与虚拟［M］. 杭州：浙江大学出版，2003.

［73］亓培冰，张江莉. 产品责任前沿问题审判实务［M］. 北京：中国法制出版社，2014.

［74］乔丽春. "独立创作"作为"独创性"内涵的证伪［J］. 知识产权，2011（7）：35-38.

［75］邱润根，曹宇卿. 论人工智能"创作"物的版权保护［J］. 南昌大学学报（人文社会科学版），2019（2）：40.

［76］石冠彬. 论智能机器人创作物的著作权保护——以智能机器人的主体资格为视角［J］. 东方法学，2018（3）：140-148.

［77］石宏.《著作权法》第三次修改的重要内容及价值考量［J］. 知识产权，2021（2）：3-17.

［78］时方. 人工智能刑事主体地位之否定［J］. 法律科学（西北政法大学学报），2018，36（6）：67-75.

［79］宋红松. 人工智能生成数据的知识产权问题［J］. 知识产权研究，

2020, 27（1）: 13-29, 305.

[80] 苏平, 张晨燃. 我国著作权登记制度探析——兼评新秀著作权法第十二条［J］. 电子知识产权, 2022（5）: 4-9.

[81] 孙笛. 人工智能体刑事主体资格否定论［J］. 政法论丛, 2022（3）: 40-50.

[82] 孙建丽. 人工智能生成物著作权法保护研究［J］. 电子知识产权, 2018（9）: 22-29.

[83] 孙那. 人工智能创作成果的可版权性问题探讨［J］. 出版发行研究, 2017（12）: 17-19, 61.

[84] 孙阳. 著作权范式下的人工智能生成物权属构建［J］. 电子知识产权, 2021（12）: 65-74.

[85] 陶乾. 论著作权法对人工智能生成成果的保护——作为邻接权的数据处理者权之证立［J］. 法学, 2018（4）: 3-15.

[86] 田作华, 陈学中. 感光胶生产过程中温度控制系统的智能控制［J］. 信息与控制, 1988（3）: 41-43, 46.

[87] 王德夫. 论大数据的法律保护与规制［D］. 武汉: 武汉大学, 2016.

[88] 王国柱. 人工智能生成物可版权性判定中的人本逻辑［J］. 华东师范大学学报（哲学社会科学版）, 2023, 55（1）: 133-142, 205.

[89] 王果. 论计算机"创作作品"的著作权保护［J］. 云南大学学报（法学版）, 2016（1）: 20-25.

[90] 王杰, 任静. 人工智能刑事主体资格之否定［J］. 河南科技大学学报（社会科学版）, 2023, 41（2）: 75-82.

[91] 王坤峰, 苟超, 段艳杰, 等. 生成式对抗网络GAN的研究进展与展望［J］. 自动化学报, 2017, 43（3）: 321-332.

[92] 王凌燕. 版权登记的法律属性及其完善探析［J］. 出版发行研究, 2013（9）: 83-86.

[93] 王迁. 论人工智能生成的内容在著作权法中的定性[J]. 法律科学（西北政法大学学报），2017，35（5）：148-155.

[94] 王迁. 知识产权法教程[M]. 6版. 北京：中国人民大学出版社，2019.

[95] 王荣余. 在"功利"与"道义"之间：中国人工智能立法的科学性探析[J]. 西南交通大学学报（社会科学版），2022，23（2）：35-46.

[96] 王文亮，王连合. 将法律作为修辞视野下人工智能创作物的可版权性考察[J]. 科技与法律，2017（2）：60-66.

[97] 王雪乔. 人工智能生成物的知识产权保护立法研究[J]. 湖南科技大学学报（社会科学版），2020，23（2）：96-102.

[98] 王宇昊，何彧，王铸. 基于深度学习的文本到图像生成方法综述[J]. 计算机工程与应用，2022，58（10）：50-67.

[99] 王泽鉴. 侵权行为[M]. 3版. 北京：北京大学出版社，2016.

[100] 王志刚. 论人工智能出版的版权逻辑[J]. 现代传播（中国传媒大学学报），2018，40（8）：15-19，48.

[101] 温世杨，吴昊. 论产品责任中的"产品"[J]. 法学论坛，2018，33（3）：71-80.

[102] 吴汉东，胡开忠. 无形财产权制度研究[M]. 北京：法律出版社，2005.

[103] 吴汉东. 人工智能生成作品的著作权法之问[J]. 中外法学，2020，32（3）：653-673.

[104] 吴汉东. 人工智能时代的制度安排和法律规制[J]. 社会科学文摘，2017（12）：76-78.

[105] 吴汉东. 试论"民法典时代"中国知识产权基本法[J]. 知识产权，2021（4）：3-16.

[106] 吴汉东. 试论"实质性相似+接触"的侵权认定规则[J]. 法学，2015（8）：63-72.

[107] 吴昊天. 人工智能创作物的独创性与保护策略[J]. 科技与法律, 2023（3）: 76-86.

[108] 吴雨辉. 人工智能创造物著作权保护: 问题、争议及其未来可能[J]. 现代出版, 2020（6）: 37-42.

[109] 武雪健. 人工智能立法的海外状况及难点分析[J]. 互联网经济, 2019（4）: 48-53.

[110] 项贤军. 人工智能创作物的著作权问题研究[J]. 现代商业, 2018（29）: 160-161.

[111] 徐家力. 人工智能生成物的著作权归属[J]. 暨南学报（哲学社会科学版）, 2023, 45（4）: 37-49.

[112] 徐小奔. 论算法创作物的可版权性与著作权归属[J]. 东方法学, 2021（3）: 41-55.

[113] 徐小奔. 人工智能"创作"的人格要素[J]. 求索, 2019（6）: 95-102.

[114] 徐瑄. 视阈融合下的知识产权诠释[J]. 中国社会科学, 2011（5）: 45-52, 219.

[115] 徐瑄. 知识产权对价理论的框架——知识产权法为人类共同知识活动激励机制提供激励条件[J]. 南京大学法律评论, 2009（1）: 99-100.

[116] 徐瑄. 著作权对价机制诠释[J]. 暨南学报（哲学社会科学版）, 2023（2）: 69-70.

[117] 许辉猛. 人工智能生成内容保护模式选择研究——兼论我国人工智能生成内容的邻接权保护[J]. 西南民族大学学报（人文社科版）, 2019, 40（3）: 100-106.

[118] 许明月, 谭玲. 论人工智能创作物的邻接权保护——理论证成与制度安排[J]. 比较法研究, 2018（6）: 42-54.

[119] 阳贤文. 美国司法中实质性相似之判断与启示[J]. 中国版权, 2012（5）: 46-49.

[120] 杨利华.公共领域视野下著作权法价值构造研究[J].法学评论,2021,39(4):117-129.

[121] 杨利华.人工智能生成物著作权问题探究[J].现代法学,2021,43(4):102-114.

[122] 杨梦铎,李凡长,张莉.李群机器学习十年研究进展[J].计算机学报,2015,38(7):1337-1356.

[123] 杨守森.人工智能与文艺创作[J].河南社会科学,2011,19(1):188-193.

[124] 杨延超.作品精神权利论[D].重庆:西南政法大学,2006.

[125] 叶良芳,马路瑶.风险社会视阈下人工智能犯罪的刑法应对[J].浙江学刊,2018(6):65-72.

[126] 易继明.评财产权劳动学说[J].法学研究,2000(3):95-107.

[127] 易继明.人工智能创作物是作品吗?[J].法律科学(西北政法大学学报),2017,35(5):137-147.

[128] 易玲,王静.论人工智能生成内容著作权法保护[J].湘潭大学学报(哲学社会科学版),2019,43(6):69-73.

[129] 尹雪英.著作权侵权认定归责和损害赔偿的经济学分析[J].经济论坛,2005(16):111-114.

[130] 喻国明,侯伟鹏,程雪梅."人机交互":重构新闻专业主义的法律问题与伦理逻辑[J].郑州大学学报(哲学社会科学版),2018,51(5):79-83,159.

[131] 袁博.任意改编影视作品独立元素为何侵权[N].中国新闻出版广电报,2015-08-13(7).

[132] 袁曾.人工智能有限法律人格审视[J].东方法学,2017(5):50-57.

[133] 袁文全.算法歧视的侵权责任治理[J].兰州大学学报(社会科学版),2023,51(2):89-99.

[134] 袁真富. 人工智能作品的版权归属问题研究[J]. 科技与出版, 2018（7）: 103-112.

[135] 岳永鹏. 深度无监督学习算法研究[D]. 成都: 西南石油大学, 2015.

[136] 翟振明, 彭晓芸. "强人工智能"将如何改变世界——人工智能的技术飞跃与应用伦理前瞻[J]. 人民论坛·学术前沿, 2016(7): 22-33.

[137] 詹爱兰, 姜启. 人工智能生成物的邻接权保护探析[J]. 浙江工业大学学报（社会科学版）, 2021（4）: 412-417.

[138] 张廉. 社会转型期利益关系法律调整的应然性分析[J]. 理论与改革, 2003（4）: 102-104.

[139] 张玲, 王果. 动物"创作成果"的民事法律关系三要素分析[J]. 知识产权, 2015（2）: 12-21.

[140] 张倩. 人工智能创作物的作品认定及法律保护[J]. 出版广角, 2019（21）: 46-48.

[141] 张绍欣. 法律位格、法律主体与人工智能的法律地位[J]. 现代法学, 2019（4）: 53-64.

[142] 张晓霞, 张嘉艺. 侵权行为构成要件对"接触加实质性相似"规则的制衡——论侵害著作权纠纷的裁判思路[J]. 知识产权, 2021（12）: 40-51.

[143] 张新平, 章峥. 强人工智能机器人的主体地位及其法律治理[J]. 中国科技论坛, 2022（1）: 161-171.

[144] 张玉洁. 论人工智能时代的机器人权利及其风险规制[J]. 东方法学, 2017（6）: 56-66.

[145] 赵西巨. 我国《侵权责任法》中的医疗产品责任立法之反思[J]. 东方法学, 2013（2）: 90-103.

[146] 郑文革. 人工智能法律主体建构的责任路径[J]. 中国应用法学, 2022（5）: 221-231.

［147］中国电子技术标准化研究院. 人工智能标准化白皮书（2018版）［R］.（2018-01-24）［2023-09-17］. https://www.cesi.cn/201801/3545.html.

［148］周剑铭, 柳渝. 两种"两种文化"交汇中的人工智能［J］. 科学与社会, 2018, 8（1）: 62.

［149］周伟业. 从虚拟实在到虚拟艺术［J］. 美学第3卷, 2010: 194-202.

［150］朱理. 财产权劳动学说与知识产权——劳动学说能够为知识产权提供正当性吗?［J］. 科技与法律, 2006（2）: 57-62.

［151］左荣昌. 人工智能创作物法律保护的证成和设计［J］. 重庆交通大学学报（社会科学版）, 2021, 21（5）: 15-23.

［152］August R S. Turning the Computer into a Criminal［J］. Barrister, 1983: 4.

［153］Badavas C P. Midi FIles: Copyright Protection for Computer-Generated Works［J］. William and Mary Law Review, 1994, 35: 1135-1175.

［154］Balganesh S. The Obligatory Structure of Copyright Law: Unbunding the Wrong of Copying［J］. Harvard Law Review, 2012.

［155］Bridy A. Coding Creativity: Copyright And the Artificially Intelligent Author［J］. Stanford Technology Law Review, 2012: 18-24.

［156］Butler T L. Can a Computer Be an Author Copyright Aspects of Artificial Intelligence［J］. Communication/Entertainment Law Series, 1982, 707（4）: 1224-1227.

［157］Chagal-Feferkorn K. Am I an Algorithm or a Product?When Products Liability Should Apply to Algorithmic Decision-Makers［J］. Stanford Law and Policy Review, 2019, 30: 83.

［158］Crevier D. AI: The Tumultuous History of the Search for Artificial

Intelligence［M］. New York：Basic Books，1993.

［159］Davies C R. An Evolutionary step in Intellectual Property Rights—Artificial Intelligence and Intellectual Property［J］. Computer Law and Security Review：The International Journal of Technology and Practice，2011，27（6）：601-619.

［160］Garnett K，Davies G，Harbottle G.Copinger and Skone James on Copyright［M］. 15th ed. London：Sweet and Maxwell Limited，2005.

［161］Ginsburg J C. A Tale of Two Copyrights：Literary Property in Revolutionary France and America［J］. Tulsa Law Review，1990（64）.

［162］Hristov K. Artificial Intelligence And The Copyright Dilemma［J］. Social Science Electronic Publishing，2017：431-453.

［163］Khoury A H. Intellectual Property Rights For "Hubots"：On The Legal Implications Of Human-Like Robots As Innovators And Creators［J］. Cardozo Arts and Entertainment Law Journal，2017：635-668.

［164］Lange D. Recognizing the Public Domain［J］. Law and Contemporary Problems，1981（4）：147.

［165］Litman J D，Samuelson P. The Copyright Principles Project：Directions for Reform［J］. Berkeley Technology Law Journal，2010，25（3）：1175-1245.

［166］McCutcheon J. Curing the Authorless Void：Protecting Computer-Generated Works Following IceTv and Phone Directories［J］. Melbourne University Law Review，2013，37（1）：46-102.

［167］Miller A R. Copyright Protection for Computer Programs，Databases，and Computer-Generated Works：Is Anything New Since CONTU?［J］. Harvard Law Review，1993.

[168] Nilson N J. Artificial Intelligence [R]. Information Processing, 1974: 778-801.

[169] Samuelson P. Allocating Ownership Rights in Computer-Generated Works [J].University of Pittsburgh Law Review. 1985, 1185 (47): 1227.

[170] Spooner. The Law of Intellectual Property; or An Assay on the Right of Authors and Inventors to a Perpetual Property in Their Ideas [M]. Boston: Published by Bela Marsh, 1855.

[171] Stephan D S, Matthijs M, Tim S. Artificial Intelligence and the future of defense [M]. Hague: The Hague Centre for Strategic Studies, 2017.

[172] Thomasm M P. From Music Tracks to Google Maps: Who Owns Computer-generated Works? [J]. Computer Law and Security Review: The International Journal of Technology and Practice, 2010, 26 (6): 621-629.

[173] United States Copyright Office Review Board. Decision Affirming Refusal of Registration of a Recent Entrance to Paradise at 2 [EB/OL]. (2022-02-14). https://www.copyright.gov/rulings-filings/reviewboard/docs/a-recent-entrance-to-paradise.pdf.

[174] United States Copyright Office. Cancellation Decision re: Zarya of the Dawn (VAu001480196) at 2 [EB/OL]. (2023-02-21). https://www.copyright.gov/docs/zarya-of-the-dawn.pdf.

[175] United States Copyright Office. Copyright Registration Guidance: Works Containing Material Generated by Artificial Intelligence [EB/OL]. (2023-03-16).https://www.federalregister.gov/documents/2023/03/16/2023-05321/copyright-registration-guidance-works-containing-material-generated-by-artificial-intelligence.

[176] Yann L C, et al. Deep Learning [J]. Nature, 2015, 521: 436-444.

后　记

　　人工智能生成著作权保护问题作为一个热门论题，自 2017 年开始出现爆发式的研究，但是对于其概念、名称的问题，依旧未得到统一的表述。与以往技术革命产物对著作权体系的挑战不同，人工智能生成物对著作权体系的冲击是全方位的，不仅涉及著作权理论，在客体制度、主体制度、权利内容方面皆有涉及。并且，因为我国著作权制度属于"舶来品"，同时借鉴吸收了两大法系的著作权理论，所以我国著作权制度无法像具有著作权历史文化背景的国家的一样，具有不可或者难以逾越的边界。因此，在面临人工智能生成物对著作权体系的冲击时，各学者对于不可逾越的边界认知是不同的，进而才形成"百花齐放"之势。人工智能在深度学习技术的突破，是一个全球性的问题，如最新开发文本生成聊天软件 Chat GPT，可以帮助学生完成学习任务。虽然在专业方面还存在错误信息，如美国律师用其生成了一份"子虚乌有"的判例，但随着算法模型在各领域的应用，其准确性将会得到大幅改善。例如，如今的人工智能翻译软件，其翻译的内容准确率与表达已经超过绝大多数非专业人群。在共同面临全球性问题时，笔者认为借鉴他国法律判决需要慎重，知识产权法虽然具有国际属性，但是仍属于国内法。当我们构建的人工智能生成物的保护制度足以激励创作，带动人工智能产业发展时，我们亦可以成为别人学习的对象。因此，对人工智能生成物著作权保护的重中之重是统一国内的声音，至于如何与国际链接是下一步需要解决的问题。